SUGGESTIVE TECHNIKEN DES TROPISMUS

Suggestive Techniken des Tropismus

Variationen über ein Thema bei Nathalie Sarraute

von

Florence du Prel

Tectum Verlag
Marburg 2003

Umschlaggestaltung: Florence Freiin von du Prel

du Prel, Florence:
Suggestive Techniken des Tropismus.
Variationen über ein Thema bei Nathalie Sarraute.
/ von Florence du Prel
- Marburg : Tectum Verlag, 2003
ISBN 978-3-8288-8505-9

© Tectum Verlag

Tectum Verlag
Marburg 2003

H. N. und meiner Familie gewidmet

Vorwort

Die am 19. Oktober 1999 verstorbene französische Autorin russischer Herkunft Nathalie Sarraute hatte sich bereits mit ihrem ersten Werk *Tropismes* die Erneuerung der Literatur auf die Fahnen geschrieben. Diese Erneuerung versuchte Sarraute nicht nur mittels ihrer literarischen Texte selbst zu erreichen, sondern sie begleitete ihr eigenes schriftstellerisches Schaffen auch stets mit Kommentaren und Essays über ihre Vorstellung von zeitgemäßer Literatur. Die in dem Bestreben, ihr literarisches Programm den Lesern und Kritikern verständlich zu machen und wohl auch ihnen gegenüber zu verteidigen, entstandenen theoretischen Schriften bemühen sich aber zugleich, dem Leser und Kritiker enge Interpretationsgrenzen für Sarrautes Texte zu setzen. Dementsprechend sieht sich der Literaturwissenschaftler, welcher einen anderen Interpretationspfad als den von der Autorin vorgegebenen beschreiten möchte, schnell dem Vorwurf ausgesetzt, den mit viel Sorgfalt gewählten Worten der Autorin mit unangebrachten textexternen Mitteln Gewalt anzutun. Viviane Forrester spricht diese Schwierigkeit in Ihrer *notice* zu Sarrautes *Ici* an: „Tenter l'analyse technique de cette maestria serait incongru, l'altérait, tiendrait un peu du viol..."[1]

Meines Erachtens ist jedoch die nähere Betrachtung der Techniken, welche die Autorin anwendet, um den von ihr gewünschten Effekt der suggestiven Beeinflussung ihrer Leser zu erreichen, ein erlaubter Bestandteil des Dialogs zwischen Autor und Leser. Ein Vergleich sei erlaubt: Bei der Erstlektüre eines klassischen Kriminalromans steht die Frage im Vordergrund, wer der Täter gewesen sei. In einem zweiten Schritt will der Leser dann aber häufig nicht mehr dem Täter, sondern dem Autor auf die Schliche kommen: Wie hat es der Autor angestellt, daß man den Täter nicht selbst erkannt hat? Ähnlich ist die Fragestellung der vorliegenden Arbeit nach den von Nathalie Sarraute angewandten literarischen Techniken aus der persönlichen Leseerfahrung entstanden: Nach meiner ersten Sarraute-Lektüre fand ich meine Gedankenläufe nicht unwesentlich von der Sprache und Bildhaftigkeit von *Le Planétarium* beeinflußt, weshalb sich mir die

---

1) Nathalie Sarraute, *Œuvres complètes*, édition publiée sous la direction de Jean-Yves Tadié, avec la collaboration de Viviane Forrester, Ann Jefferson, Valerie Minogue et Arnaud Rykner, Paris: Gallimard (Bibliothèque de la Pléiade), 1996, S. 1981.

Frage stellte: Wie hat Nathalie Sarraute das gemacht?

Die vorliegende Arbeit tauscht also das erste Lektüreerlebnis gegen das intellektuelle Vergnügen der Frage nach den von der Autorin verwendeten literarischen Techniken aus. So würde ich denn sagen, daß ich mit der rein „technischen" Untersuchung eines stets das „Lebendige" suchenden Werks dennoch Sarrautes Romanen keine Gewalt angetan habe, sondern daß ich zu dem einen berechtigten Vergnügen jedes Lesers das zweite gesellt habe. Und letztendlich habe ich damit – auf einer anderen Ebene – einen Leitgedanken Nathalie Sarrautes in die Tat umgesetzt: „Il faut regarder de plus près"[2].

Zur Verwendung von literaturwissenschaftlichen Begriffen

In der vorliegenden Arbeit habe ich bewußt der französischen Terminologie den Vorzug gegeben; zum einen um so eine eindeutige Begrifflichkeit verwenden zu können, ohne jedes Mal einzelne Begriffe von anderen möglichen Verwendungen abgrenzen zu müssen, zum anderen um das Auffinden der entsprechenden Begriffe in den Originaltexten von Genette, Newman etc. zu erleichtern. Beim Begriff *personnage* stand ich z. B. vor dem Problem, daß die deutschen Begriffe wie Romanfigur, Charakter, Akteur etc. immer einen Bedeutungsanteil enthalten, welcher Nathalie Sarrautes Idee vom neuen Roman widerspricht: „Romanfigur" enthält den Begriff Roman, was unweigerlich jedes Mal zur Frage führen würde, inwieweit Sarrautes Texte denn als Romane zu bezeichnen wären. „Charakter" läßt an psychische Eigenschaften einer Person denken, wovon Sarraute gerade Abstand nehmen möchte. Das (zudem wiederum aus dem Französischen stammende) Wort „Akteur" oder deutsch „handelnde Person" weist auf die Handlungsrolle der Figuren hin, was wieder am Schwerpunkt der Sarrauteschen Texte vorbeizielt, welcher nicht auf einer äußeren Handlung, sondern auf den inneren Regungen der Figuren liegt. Ähnliche Probleme bereitete mir die Verwendung der Begriffe „Geschichte" und „Erzählung" an Stelle von *histoire* und *récit*. Zugegebenermaßen ist auch der französische Begriff *histoire* vieldeutig, aber im Rahmen von Genettes Theorie ist *histoire* eindeutig als „contenu narratif" (narrativer Inhalt), *récit* als „signifiant, énoncé, discours ou texte narratif" (Signifikant, Aussage, narrativer Text oder Diskurs) und *narration* als „acte narratif producteur" (produzierender narrativer Akt)

---

2) Nathalie Sarraute, *Le Planétarium*, in: dies., Œuvres complètes, S. 373.

definiert.³ Im Deutschen fühlt man sich stets bemüht, über andere Begriffe jene Eindeutigkeit herzustellen, welche das Wort „Geschichte" vermissen läßt, und greift dann wiederum zu Fremdwörtern wie Plot etc. Eine weitere Schwierigkeit besteht darin, daß auch Genette seine Termini teilweise aus anderen Sprachen entlehnt hat. So kommt er beispielsweise über den englischen Begriff *summary* auf den französischen Begriff *récit sommaire*, kurz *sommaire*.⁴ Wollte man wiederum eine deutsche Entsprechung dafür finden, wie „summarische Erzählung" (– Aber wie könnte man dann im Deutschen eine aus dem Adjektiv abgeleitete Abkürzung finden?), hätte man sich im Sprachenkarussell nur sinnlos um eine Position weitergedreht und der allgemeinen Sprachverwirrung Vorschub geleistet. Insofern ist Andreas Knop, dem Übersetzer des *Discours du récit* ins Deutsche, natürlich nur Recht zu geben, wenn er an dieser Stelle einen Schritt zurückgeht, und *sommaire* wieder ins Englische *summary* zurückverwandelt.⁵

---

3) Gérard Genette, „Discours du récit", in: ders., *Figures III*, Paris: Seuil, 1972, S. 65–273, hier S. 72.
Übersetzung: Gérard Genette, *Die Erzählung*. Aus dem Französischen von Andreas Knop, mit einem Vorwort herausgegeben von Jürgen Vogt, München: Fink, 1994 (UTB für Wissenschaft), S. 16.
4) Genette, „Discours du récit", S. 129.
5) Genette, *Die Erzählung*, S. 67.

Inhaltsverzeichnis

Vorwort

1 Einleitung   1
    1.1 Nathalie Sarraute und ihr Gesamtwerk 1
        1.1.1 Gesamtwerk 1
        1.1.2 Sarraute und der Nouveau Roman 2
    1.2 Herangehensweise dieser Arbeit 4
    1.3 Fragestellungen 7
    1.4 Werkauswahl 8

2 Thematiken Nathalie Sarrautes   11
    2.1 Tropismen 12
    2.2 Wörter 15
    2.3 Kunst 17
    2.4 Das Ich und die Anderen 19
        2.4.1 „This terrible desire to establish contact" 20
        2.4.2 „Là où je suis, il y a comme une place vide" 22

3 Suggestive Techniken   27
    3.1 Techniken 29
        3.1.1 Ebene der Geschichte (*histoire*): Allgemeine Unterschiede zum traditionellen Roman 29
            3.1.1.1 Handlung (*intrigue*) 30
            3.1.1.2 Handlungsorte 32
            3.1.1.3 Handelnde Person (*personnage*) 33
        3.1.2 Globale Struktur der Erzählung 38
            3.1.2.1 Zeit der Erzählung (*temps du récit*) 38
                3.1.2.1.1 Ordnung (*ordre*) 38
                3.1.2.1.2 Dauer (*durée*) 42
                3.1.2.1.3 Frequenz (*fréquence*) 43
            3.1.2.2 Modus (*mode*) 43
                3.1.2.2.1 Distanz (*distance*) 43
                3.1.2.2.2 Fokalisierung (*focalisation*) 55
            3.1.2.3 Stimme (*voix*) 64

		3.1.2.3.1	Erzählinstanz (*instance narrative*) und narrative Niveaus (*niveaux narratifs*)	65

                3.1.2.4   Zeit der Narration (*temps de narration*) . . 69
   3.1.3 Semantische Ebene – Stilistische Mittel – Mikrostruktur 70
       3.1.3.1   Ästhetik des Versuchs 70
       3.1.3.2   Bilder, Vergleiche, Metaphern 72
                3.1.3.2.1   Unbestimmte Bilder (*images indéterminées*) 74
                3.1.3.2.2   Dramatisierte Bilder (*images dramatisées*) 75
                3.1.3.2.3   Verbale Bilder (*images verbales*) . 81
                3.1.3.2.4   Themenbereiche der Bilder 82
       3.1.3.3   Weitere semantisch bedeutsame Bestandteile 84
                3.1.3.3.1   Typographie 84
                3.1.3.3.2   Rhythmus 84
                3.1.3.3.3   Titelaussage 85
3.2 Suggestivität der Techniken? 86

4 Das Werk und sein Leser – Rezeption und Wirkung   91
4.1 Der Ideal-Leser – Rezeptionstheorie in *L'Ère du soupçon* . . 91
4.2 Der Modell-Leser – Im Kampf mit dem widerspenstigen Leser 95
   4.2.1 Der Modell-Leser 95
   4.2.2 Sarrautes widerspenstiger Leser 96
   4.2.3 Instaurierung der Leserkompetenz 101
   4.2.4 Wirkungstheoretische Begründungen für den widerspenstigen Leser 102
4.3 Der empirische Leser – tatsächliche Rezeption 105

5 Zusammenfassung   111

Literaturverzeichnis   115
5.1 Verwendete Ausgaben der Werke von Nathalie Sarraute . . 115
   5.1.1 Textausgaben 115
   5.1.2 Tondokumente 115
5.2 Weitere Primärtexte 116
5.3 Wissenschaftliche Texte 116

1 Einleitung

1.1 Nathalie Sarraute und ihr Gesamtwerk

1.1.1 Gesamtwerk

Nathalie Sarrautes Werk bietet sich – und bot sich schon sehr bald – dazu an, in seiner Gesamtheit betrachtet zu werden. Sarraute selbst erklärt im Vorwort von 1964 zu ihrer Essay-Sammlung *L'Ère du soupçon*, daß ihr erstes Werk, *Tropismes*, „contenait en germe tout ce que, dans mes ouvrages suivants, je n'ai cessé de développer."[1] Die einzelnen Romane[2] und Schriften bilden zwar keinen gemeinsamen Metatext, der zum Beispiel bezüglich einer gemeinsamen *histoire* zusammengehörte, aber sie kreisen alle um ein Thema, den Tropismus, den Sarraute in ihren theoretischen Schriften als den Kern all ihrer Romane ausweist.

Es stellt sich natürlich die Frage, ob Sarrautes Werk den gleichen Eindruck von Kohärenz einem Leser böte, dem das theoretische Konzept des Tropismus unbekannt wäre. Martine Léonard verneint dies, wenn sie sagt, der Tropismus gebe den Romanen eine „unité non prévue/non prévisible".[3] Sie beachtet dabei jedoch nicht, daß jedem Leser beim vergleichenden Lesen aller Bücher wahrscheinlich klar wird, daß es in ihnen um die Darstellung eines un- oder vorbewußten Gefühlslebens geht. Sarrautes Bücher drehen sich so eindeutig um gefühlsmäßige Reaktionen auf zumeist verbale

---

1) Nathalie Sarraute, *L'Ère du soupçon*, in: dies., *Œuvres complètes*, édition publiée sous la direction de Jean-Yves Tadié, avec la collaboration de Viviane Forrester, Ann Jefferson, Valerie Minogue et Arnaud Rykner, Paris: Gallimard (Bibliothèque de la Pléiade), 1996, S. 1551–1620, hier S. 1554.
   Im folgenden werden Sarrautes Primärtexte nur mit Titel (ohne Verfasser und Ausgabe) genannt. Alle Werke außer *Ouvrez* sind in der Pléiade-Ausgabe enthalten und werden mit den dortigen Seitenangaben zitiert. Die Referenzausgabe von *Ouvrez* ist: Nathalie Sarraute, *Ouvrez*, Paris: Gallimard, 1997. Seitenangaben zu *Ouvrez* beziehen sich also auf diese Ausgabe.
2) Die Frage, inwiefern Sarrautes Werke als Romane bezeichnet werden können, soll in dieser Arbeit ausgeklammert werden. Die kurzen Texte von *Tropismes* werden zuweilen als Prosagedichte betitelt. Ihre längeren Texte bezeichnet Sarraute selbst als Romane.
3) Martine Léonard, „Le tropisme de A à Z", in: Sabine Raffy (Hrsg.), *Autour de Nathalie Sarraute, Actes du Colloque international de Cerisy-La-Salle des 9 au 19 juillet 1989 sous la direction de Valerie Minogue et Sabine Raffy*, Paris: Les belles lettres, 1995, S. 127–147, hier S. 128.

Reize, die Metaphern zielen so eindeutig auf die Erzeugung von bestimmten Gefühlen beim Leser, daß jeder intuitiv eine Annäherung an das erfahren wird, was Nathalie Sarraute als Tropismus bezeichnet. Natürlich kann der Leser das Hauptthema jedes einzelnen Romans ganz anders gewichten, so wie es die zahlreichen Interpretationen soziologischer oder psychologischer Art zeigen, die entweder bemüht sind, jeden Rest einer angeblichen Realitätsabbildung (Romanfiguren, Räume, Gegenstände) zu finden, oder jeden vermeintlichen Hinweis auf psychologische Schemata sammeln[4], um den Romanen eine klare gesellschaftskritische oder psychologische Aussage zu entlocken. Nichtsdestoweniger wird wohl jeder, nach dem befragt, was Sarrautes Werke so unverkennbar mache, jene suggestiven Bilder nennen oder aber doch zumindest auf Sarrautes unverkennbaren Stil zu sprechen kommen, der von ihren speziellen narrativen Techniken geprägt ist.

1.1.2 Sarraute und der Nouveau Roman

Gerne wird Nathalie Sarrautes Werk in den Kontext des Nouveau Roman der 50er Jahre eingeordnet. Tatsächlich beginnt Sarraute ihre literarische Laufbahn jedoch zu Beginn der 30er Jahre und veröffentlicht 1939 ihr erstes – zunächst von der Kritik weitgehend unbeachtetes – Werk *Tropismes*, das bereits die wichtigsten inhaltlichen und technischen Merkmale der folgenden Romane aufweist. Ab 1947 schreibt Sarraute auch theoretische Essays, in denen sie ihre ablehnende Haltung gegenüber den Formen des traditionellen Romans des 19. Jahrhunderts zu begründen versucht. Laut Sarrautes eigenen Aussagen kommt sie erst über die Veröffentlichung ihrer Essaysammlung *L'Ère du soupçon* im Jahre 1956 mit Alain Robbe-Grillet in Kontakt, der den losen Verbund der *nouveaux romanciers* initiiert.[5] Jeder Schriftsteller der „Gruppe" pflegt seinen eigenen Stil und verfolgt eigene literarische Vorstellungen. Allen gemein ist lediglich die Ansicht, daß man zu ihrer Zeit nicht mehr die gleichen Formen wie der traditionelle Roman anwenden kann.[6]

---

4) So muß sich Sarraute z. B. gegen die pseudo-psychoanalytische Interpretation der „carottes rapées" aus *Le Planétarium* (S. 408) als Phallus-Symbol wehren. Siehe die entsprechende Anmerkung in den *Œuvres complètes*, S. 1823.
5) Siehe hierzu: Raymond Osemwegie Élaho, *Entretiens avec le nouveau roman: Michel Butor, Robert Pinget, Alain Robbe-Grillet, Nathalie Sarraute, Claude Simon*, Sherbrooke, Québec: Naaman, 1985, S. 46f.
6) Als „Gegner" muß hier oft Honoré de Balzac herhalten, da sich in seinem Werk nach Ansicht der *nouveaux romanciers* all jene Eigenschaften vereinen, die sie ablehnen. Nathalie Sarraute betont jedoch, daß sie Balzac als Schriftsteller seiner Zeit zu schätzen weiß, es aber ablehnt, wenn in der modernen Zeit seine Romanform imitiert wird.

Nathalie Sarraute kann also nur ganz allgemein im Zusammenhang mit dem Nouveau Roman gesehen werden, wenn es um die gemeinsame Ablehnung des traditionellen Romans und seiner Merkmale, wie zum Beispiel *personnage*, *intrigue* etc., geht. Außerdem läßt sich in ihrem Werk wie bei anderen *nouveaux romanciers* eine gewisse Verflechtung von literarischer Theorie und Schreiben feststellen: Einerseits setzt Sarraute ihre eigenen Theorien in den fiktionalen Texten um, andererseits sind ästhetische Werte und Künstlertum des Autors häufig Thema der Romane.

Für eine genauere Betrachtung ihres Werkes und vor allem der von ihr verwendeten Techniken ist eine Sicht im Rahmen des Nouveau Roman jedoch nicht allzu erkenntnisfördernd. Als Negativ-Beispiel einer verfehlten Betrachtung Sarrautes im Zusammenhang des Nouveau Roman mag hier Klaus Netzer dienen, welcher mit dem Titel *Der Leser des Nouveau Roman* suggeriert, er werde in seiner Abhandlung von 1970 die Merkmale *des* Nouveau Roman herausarbeiten.[7] Tatsächlich wählt er jedoch für seine einzelnen Kapitel (Techniken, Merkmale wie z. B. Pronomina) zumeist nur *einen* Autor (mit Vorliebe Alain Robbe-Grillet) und *ein* Werk dieses Autors aus, dessen spezifische Techniken er beschreibt, ohne jedoch zu untersuchen, wie es bei den anderen *nouveaux romanciers* darum bestellt ist. Stattdessen gibt er vor, die Beschreibung gelte für *den* Nouveau Roman, wobei er auf Nathalie Sarraute nur ganz am Rande eingeht.[8] Eine ähnliche Schieflage erhält die Beschreibung einzelner *nouveaux romanciers* bei Winfried Wehle: Dieser versucht, einzelne Phasen der Nouveau-Roman-Strömung bis hin zu ihrem Höhepunkt in den Jahren 1959 bis 1963 auszumachen. Nach dieser Zeit erst hätten die einzelnen Autoren ihre individuellen Tendenzen wieder mehr in den Vordergrund gestellt.[9] Wehles Ansatz geht jedoch von falschen Prämissen aus: Jeder einzelne der *nouveaux romanciers* entwickelte zunächst seine individuellen Techniken; die Autoren stellten dann erst ihre Gemeinsamkeiten untereinander fest. Es erscheint deswegen wenig sinnvoll, die Entwicklung eines einzelnen Schrift-

---

7) Klaus Netzer, *Der Leser des Nouveau Roman*, Frankfurt a. M.: Athenäum, 1970.
8) Béatrice Bloch verfolgt in ihrer Arbeit von 1998 zwar einen ähnlichen Ansatz, schafft es jedoch, wesentlich differenzierter vorzugehen. Das Problem, keinem Autor richtig gerecht zu werden, bleibt dennoch auch bei ihr bestehen. Béatrice Bloch, *Le roman contemporain: Liberté et plaisir du lecteur. Butor, des Forêts, Pinget, Sarraute...*, Paris u. a.: L'Harmattan, 1998.
9) Winfried Wehle, *Französischer Roman der Gegenwart. Erzählstruktur und Wirklichkeit im Nouveau Roman*, Berlin: Schmidt, 1972, S. 10ff. Wehles Ansinnen, die Entwicklung der einzelnen Autoren in ähnliche zeitliche Phasen zu ordnen, bringt ihn auch dazu, zu behaupten, Nathalie Sarraute habe ihren Durchbruch mit *Martereau* (1953) geschafft. Tatsächlich wurde Sarraute jedoch erst mit *Le Planétarium* (1959) bekannt und hatte erst mit *Les Fruits d'or* (1963) wirklich Erfolg (Prix international de littérature).

stellers aus der gemeinsamen Phase des Nouveau Roman heraus erklären zu wollen. Die Phase der gemeinsamen Theorieausarbeitung (nicht -bildung) stellte nur eine Plattform dar, auf der die Autoren ihre zunächst allein erarbeiteten Konzepte gemeinsam öffentlich vertreten konnten. So stand auch Sarrautes Konzept schon vorher; die Strömung des Nouveau Roman half den Autoren jedoch, ihre Ansichten sicherer zu vertreten.

Besonders inhaltlich divergieren die *nouveaux romanciers* stark.[10] Und so kann die Ablehnung traditioneller Romanformen bei Sarraute zwar im Zusammenhang mit den literarischen Strömungen des 20. Jahrhunderts und auch der Vorbilder Sarrautes – vor allem Marcel Proust, James Joyce und Virginia Woolf – gesehen werden, die Entwicklung neuer literarischer Formen ist bei ihr jedoch immer auch auf ihr Konzept des Tropismus hin ausgerichtet.

1.2 Herangehensweise dieser Arbeit

Sarrautes Werk wurde im Laufe der Zeit auf unterschiedlichste Weise interpretiert.[11]

Es finden sich psychoanalytische Interpretationen, die zum Beispiel die Körpermetaphern bei Sarraute als traumatische Bilder und das Verhalten der Romanfiguren als neurotisch deuten. In eine ähnliche Richtung gehen psychologisch-biographische Deutungen, wie beispielsweise die, daß Sarraute in ihren Romanen die Erfahrungen ihrer Kindheit verarbeite, daß die verwendeten Bilder des hilflosen, unterworfenen Kindes Kindheitstraumata spiegelten.[12] Grundsätzlich gilt festzustellen, daß psychoanalytische

---

10) Mireille Calle-Gruber geht sogar so weit, bezüglich Inhalt und Form Sarraute als einzig wahre Anvantgarde zu sehen:
   Il convient à cet égard de noter que si Robbe-Grillet [...] fait figure de chef de file, c'est en réalité Nathalie Sarraute qui tient le discours de l'avant-garde. Là où Robbe-Grillet emprunte encore ses termes à l'humanisme, préconisant à ‚homme nouveau, nouveau roman' [...] Nathalie Sarraute affirme déjà une esthétique de l'abstraction et construit la thèse de l'évolution logique et irréversible des formes artistiques [...]
   Mireille Calle-Gruber, „Nathalie Sarraute ou l'invention du tropisme en littérature", *Avantgarde*, 4 (1990), 121–134, hier S. 122.
11) Einen ersten Überblick möglicher Interpretationsarten bietet Sabine Raffy in ihrer Analyse von 1988, in der sie Sarrautes Werk vierfach untersucht, und zwar aus soziologischer, philosophischer, „anthropologischer" und psychologischer Perspektive. Sabine Raffy, *Sarraute romancière. Espaces intimes*, New York u. a.: Lang, 1988.
12) Siehe z. B. Leah D. Hewitt, „Mots de contacts, mots d'attaque: les travestissements de l'identité", in: Sabine Raffy (Hrsg.), *Autour de Nathalie Sarraute*,

Untersuchungen eines Textes nur in ihren Aussagen über die Autorin selbst redlich wären, d. h. wenn die Romane als indirekte Hinweise auf Sarrautes Psyche verwendet würden. Psychoanalytische Untersuchungen in diesem Sinne gebrauchen die Texte als Dokumente.[13] Die psychoanalytische Deutung von Romanfiguren hingegen ist zu verwerfen, da sie nur einen Sinn hätte, wenn Sarraute selbst Neurosen bewußt hätte darstellen wollen. Sarraute äußert hingegen mehrmals Bedenken gegenüber der klassischen Psychologie, die ihrer Meinung nach Gefühle auf zu einfache Schemata und Begriffe reduziere. Vielmehr setzt sie sich für eine differenziertere Untersuchung und Darstellung der menschlichen Gefühlsregungen in Form der Tropismen ein.

Sarraute wehrt sich ebenfalls gegen „feministische" Interpretationsansätze. Mehrfach erklärt sie, daß sie eine geschlechtsneutrale Vorstellung vom Menschen habe, daß es auf der Tropismenebene keine Unterschiede zwischen den Menschen gebe.[14] Adele King greift zwar alle Einwände Sarrautes gegen den „feministischen" Ansatz auf, plädiert aber dennoch dafür, Sarrautes Konzepte und Stil (im Vergleich mit den Ansätzen anderer Autorinnen) als frauenspezifisch zu klassifizieren.[15] Beim „feministischen" Ansatz kommt es jedoch häufig zu einer unpassenden Verquickung der Betrachtung von Sarrautes Biographie und ihren fiktionalen Texten. Zudem wird bewußt über ihr Konzept der Tropismenebene hinweggesehen. Stattdessen wird die Ebene der äußeren Geschehnisse, die Sarraute als nebensächlich ansieht und bewußt banal hält, zum Gegenstand einer Untersuchung gemacht, ohne zu beachten, daß die Autorin den Status quo der zeitgenössischen Verhältnisse als banalen Hintergrund verwendet, ohne aber an den Umständen selbst Kritik üben zu wollen.[16]

S. 211–224.

13) Siehe hierzu Umberto Ecos Feststellungen zum „Gebrauch" von Texten. Umberto Eco, *Lector in fabula*, aus dem Italienischen von Heinz-Georg Held, München, Wien: Hanser, 1987, S. 72ff.

14) Siehe z. B. Sarraute im Gespräch mit Simone Benmussa, *Entretiens avec Nathalie Sarraute*, Tournai (Belgique): La Renaissance du Livre, 1999, S. 103ff. und 149ff.

15) Adele King, *French Women Novelists. Defining a Female Style*, Basingstoke u. a.: Macmillan, 1989, S. 85–107.

16) Mireille Calle-Gruber spricht sich folgendermaßen gegen die „feministische" Sicht aus:
> Toutefois, jamais, sous la plume ou dans les propos de Nathalie Sarraute, cet avant-gardisme ne se revendique féminin [...] Davantage: c'est le projet même de l'écriture des tropismes qui semble nécessiter l'effacement de la marque masculin/féminin et la mise en place d'un *neutre* qui rende compte du fond commun – de la ‚zone profonde commune à tous, d'être humain' [...]

Calle-Gruber, S. 123.

1 Einleitung

Wie die „feministische" Herangehensweise, so übersieht auch die soziologische Interpretation Sarrautescher Werke oft den Oberflächencharakter und die thematische Nebensächlichkeit der Hintergrundfolien der Romane. So wird Sarrautes Werk als Gemälde der französischen Bourgeoisie ihrer Zeit gesehen[17], oder es werden Beispiele gesammelt, in denen in Sarrautes Werk die Familie als Hort der Gewalt gezeigt werde.[18] Bisweilen werden sogar gesellschaftskritische, antikapitalistische Aussagen herausgelesen.[19] Wie die psychoanalytische Betrachtung der Werke wären soziologische Aussagen aber nur mit Betonung auf der Verwendung der Romane als Zeitdokumente statthaft.[20] Sarraute nimmt in ihren Werken sozusagen die Materialien, die sie vor der Haustür findet, um den Tropismen eine Grundlage zu geben, so wie sie auch versucht, mit dem aktuell vorhandenen Sprachmaterial eine Annäherung an den Tropismus zu erreichen. Sarraute verwendet das aktuell Konventionelle als Vorlage, da sie unter anderem dem Verständnis des Lesers entgegenkommen muß. Sie will weder Sprache, noch Geschlechterrollen, noch soziologische Gegebenheiten revolutionieren, sondern mit den gegebenen „Materialien" etwas darstellen, das sie als epochenunabhängige Konstante menschlichen Seins sieht: den Tropismus.[21]

Aufgrund Sarrautes eigener Aussagen zu literarischen Vorbildern und der Verwendung literarischer Verweise in ihren Texten bieten sich auch intertextuelle oder motivgeschichtliche Analysen an.[22]

---

17) Siehe z. B. Jean Pierrot, *Nathalie Sarraute*, Paris: Corti, 1990.

18) Jean Pierrot sieht in *Vous les entendez?* einen Generationenkonflikt, der die gesellschaftlichen Konflikte des Jahres 1968 spiegele! Jean Pierrot, „Le thème de l'art dans *Vous les entendez?*", in: Sabine Raffy (Hrsg.), *Autour de Nathalie Sarraute*, S. 101–115, hier S. 107f.

19) Siehe Gerda Zeltner, „Nathalie Sarraute", in: Wolf-Dieter Lange (Hrsg.): *Französische Literatur der Gegenwart. In Einzeldarstellungen*, Stuttgart: Kröner, 1971, S. 287–311, hier S. 301f. sowie Robert Sayre, *Solitude in society. A Sociological Study in French Literature*, Cambridge (Mass.), London: Harvard University Press, 1978, S. 176–194.

20) Auch Sabine Raffy vermischt den rein anthropologischen Ansatz (Existenz von Tropismen beim Menschen) mit konkreten Aussagen zur sozialen Situation der Epoche. Siehe Raffy, *Sarraute romancière. Espaces intimes*, S. 34ff.

21) Es läßt sich natürlich die Frage stellen, ob Sarraute dadurch, daß sie ihre eigene soziale Schicht als Hintergrundfolio für ihre Romane verwendet, (ungewollt) nur für diese verständlich schreibt, und ob die Bildersprache auch bei kulturell oder sozial anders geprägten Lesern ihre suggestive Kraft entfalten kann.

22) Siehe z. B. Alan J. Clayton, „Nathalie Sarraute et R. M. Rilke. Une course de relais jamais interrompue", in: Roger-Michel Allemand (Hrsg.), *Le «Nouveau Roman» en questions. «Nouveau Roman» et archétypes*, Bd. 2, Paris: Lettres Modernes, 1993, S. 67–92; Ruby Cohn, „Nathalie Sarraute et Virginia Woolf: ‚Sisters under the skin'", in: J. H. Matthews (Hrsg.), *Un Nouveau Roman? Recherches et tradition*, Paris: Lettres Modernes, 1964, S. 167–180; Catherine

Nach Ansicht der vorliegenden Arbeit kommt Sarrautes Werk jedoch eine poetologisch-strukturalistische Herangehensweise, wie sie zum Beispiel von Anthony S. Newman unternommen wurde, am ehesten entgegen[23], da Sarraute in ihren theoretischen Schriften immer wieder die Bedeutung der Form und Techniken in ihrem Werk hervorhebt. Sie sieht ihr Werk als Weiterentwicklung vorangegangener Romanformen. Um die von ihr entdeckten Gefühlsregungen (Tropismen) in Text umsetzen zu können, bedarf es einer neuen literarischen Form. Die vorliegende Arbeit möchte eben jene Techniken untersuchen, die Sarraute anwendet, um ihr Konzept des Tropismus in Textform dem Leser erfahrbar zu machen.

1.3 Fragestellungen

Wie der Titel der vorliegenden Arbeit, „Suggestive Techniken des Tropismus. Variationen über ein Thema bei Nathalie Sarraute", bereits andeutet, soll im folgenden zwei Fragestellungen nachgegangen werden. Zum einen sollen die von Sarraute angewendeten Techniken untersucht werden; zum anderen soll verfolgt werden, ob Sarrautes Romane gleichberechtigte Variationen über das Tropismenthema sind oder ob man in Sarrautes Gesamtwerk eine Weiterentwicklung von Techniken und Themen ausmachen kann.

Der Begriff „suggestive Techniken" impliziert drei Fragerichtungen:

1. Was soll vermittelt werden? – Welche Inhalte möchte Sarraute suggestiv vermitteln?

2. Wie soll etwas vermittelt werden? – Welche Techniken verwendet Sarraute?

3. An wen soll es vermittelt werden? – Welche Rolle spielt der Leser in Sarrautes theoretischen und fiktionalen Texten?

Die Kapiteleinteilung folgt diesen drei Fragestellungen: Kapitel 2 (Thematiken Nathalie Sarrautes) stellt kurz das Konzept des Tropismus und wei-

---

Desormière, „Nathalie Sarraute et R. M. Rilke. La lisière de la métamorphose", in: Roger-Michel Allemand (Hrsg.), *Le « Nouveau Roman » en questions*, S. 93–119; Marie Miguet-Ollagnier, „Entre Proust et Sarraute", in: Roger-Michel Allemand (Hrsg.), *Le « Nouveau Roman » en questions*, S. 119–152.

23) Siehe Anthony S. Newman, *Une Poésie des Discours. Essai sur les romans de Nathalie Sarraute*, Genève: Droz, 1976.
Weniger strukturalistisch als poetisch-poetologisch nennt Valerie Minogue ihre Untersuchung: Valerie Minogue, *Nathalie Sarraute and the War of the Words – A study of five novels*, Edinburgh: Edinburgh University Press, 1981.

tere Themenbereiche in Sarrautes Werk vor. Kapitel 3 (Suggestive Techniken) bildet den Schwerpunkt der Arbeit und beschreibt die von Sarraute verwendeten – und teilweise von ihr entwickelten – Techniken und hinterfragt sie im Hinblick auf eine mögliche suggestive Wirkung. Kapitel 4 (Das Werk und sein Leser) untersucht, welche Vorstellung vom Leser in Sarrautes Werk zum Ausdruck kommt und inwiefern die tatsächliche Rezeption des Werkes von der Idealvorstellung Sarrautes abweicht.

Neben der Untersuchung der suggestiven Techniken soll am Rande betrachtet werden, inwiefern Sarraute ihre Themen und Techniken sowie ihre Einstellung zum Leser weiterentwickelt.

1.4 Werkauswahl

Der Schwerpunkt der vorliegenden Untersuchung soll auf den drei Werken *Le Planétarium* (1959), *Tu ne t'aimes pas* (1989) und *Ouvrez* (1997) liegen. *Le Planétarium* stellt einen bemerkenswerten technischen Entwicklungsschritt nach den ersten beiden Romanen *Portrait d'un inconnu* (1948) und *Martereau* (1953) dar, da Sarraute mit ihm die Form der Ich-Erzählung zugunsten eines steten Perspektivenwechsels aufgibt. Während *Les Fruits d'or* (1963), *Entre la vie et la mort* (1968), *Vous les entendez?* (1972) und «*disent les imbéciles*» (1976) die in *Le Planétarium* entwickelten Techniken in der Hauptsache nur verfeinern, stellt *Tu ne t'aimes pas* den Übergang von der narrativen Form zum reinen vielstimmigen Dialog dar. Die beiden noch davor liegenden Werke *L'Usage de la parole* (1980) und das ebenfalls dialogische *Enfance* (1983) müssen meiner Meinung nach etwas außerhalb der Reihe gesehen werden, da *L'Usage de la parole* zur Prosagedichtform von *Tropismes* zurückkehrt, und *Enfance* wegen seines Autobiographie-Charakters anderen Genreregesetzmäßigkeiten folgt. Nach *Ici* (1995), das formal wieder eher den Werken vor *Tu ne t'aimes pas* entspricht, ist Sarrautes letztes Werk, *Ouvrez* (1997), deswegen bemerkenswert, da es den *personnage* endgültig abschafft und Menschen-Akteure durch Wörter-Akteure ersetzt.

Die hier gegebene Begründung für die Werkauswahl setzt jedoch bereits Entwicklungsschwerpunkte im Werk Sarrautes, die so eventuell nicht aufrechterhalten werden können. Bei genauerer Betrachtung der Werke kann jedem einzelnen eine ganz spezifische Technikanwendung und Themenentfaltung zugewiesen werden. Meine Auswahl der zu analysierenden Romane folgt zugegebenermaßen nicht zuletzt persönlichen Präferenzen.[24]

---

24) Werkauswahlkriterien erweisen sich oft als heikel, wie z. B. auch diejenigen von Martine Léonard: Léonard legt ihren Schwerpunkt auf die Romane *Portrait d'un*

1.4 Werkauswahl

---

inconnu und «*disent les imbéciles*» mit der Begründung, *Tropismes* und *L'Usage de la parole*, die zeitlich direkt vor beziehungsweise nach den Schwerpunktromanen liegen, würden das Gesamtwerk symmetrisch umschließen (Léonard, S. 127). Im Falle Sarrautes verloren Auswahlbegründungen jedoch häufig ihre Berechtigung, da Sarraute unerwarteterweise einen weiteren Roman veröffentlichte. Offensichtlich traute schon damals (1995) Sarraute angesichts ihres fortgeschrittenen Alters niemand mehr die Veröffentlichung eines neuen Werkes zu. Selbst die Pleiade-Redaktion handelte unvorsichtig, als sie 1996 Sarrautes *Œuvres complètes* herausgab. Die Antwort auf diese Voreiligkeit folgte 1997 mit Sarrautes letztem Roman *Ouvrez*.

2 Thematiken Nathalie Sarrautes

Nathalie Sarrautes Werke bilden in ihrer Gesamtheit ein feines thematisches Netz: Jedes neue Werk gibt diesbezüglich Echo der vorangegangenen Werke; Themenkreise, die in einem Roman nur angeschnitten wurden, werden zum Hauptthema eines anderen. So ist zum Beispiel die Thematik des Eigenlebens der Wörter von *Ouvrez* unter anderem auch schon in *Le Planétarium* angelegt:

> [...] il [Alain, F. d. P.] retient de toutes ses forces ces mots qui montent en lui, d'autres mots, appelés d'ailleurs, arrivent en hâte, les repoussent, jaillissent... [...] Il se sent rougir... mais il ne peut plus s'arrêter, les mots glissent, s'écoulent, il ne peut plus les retenir...[1]

Ebenso klingt die Thematik von *Tu ne t'aimes pas* in allen Werken an: Die ganze Reihe der Sarrauteschen Romanfiguren, die sich der Existenz der Tropismen bewußt sind, empfindet jene Spannung zwischen dem eigenen Ich und den anderen, zwischen dem Gefühl, eine Masse ohne feste Konturen zu sein, und der Anforderung, nach außen ein kompaktes Bild seiner selbst präsentieren zu müssen.

Was diesen „recyclage"[2] der Themen betrifft, müssen jedoch die konkreteren Themen (Sprache, Kunst, zwischenmenschliche Verhältnisse) von dem Hauptthema, das alle Werke laut der eigenen Aussagen Nathalie Sarrautes durchzieht, abgegrenzt werden: Der Tropismus ist jene Grundaussage der Sarrauteschen Texte, die in den Werken selbst nie benannt[3], aber allgegenwärtig ist.

---

1) *Le Planétarium*, S. 519.
2) Siehe die Anmerkung zu S. 939 von *L'Usage de la parole*: *Œuvres complètes*, S. 1931.
3) Martine Léonard stellt fest, daß der Begriff „Tropisme" nur als Titel des ersten Buches sowie in den theoretischen Schriften Sarrautes genannt wird, nie aber in den literarischen Texten selbst. Der Tropismus ist somit als gegeben vorausgesetzt. Martine Léonard, „Le tropisme de A à Z", in: Sabine Raffy (Hrsg.), *Autour de Nathalie Sarraute*, S. 127–147, hier S. 128.

2.1 Tropismen

TROPISME [...] **1.** BIOL. Réaction d'orientation ou de locomotion orientée (mouvement), causée par des agents physiques ou chimiques (chaleur, lumière, pesanteur, humidité). SPÉCIALT Réaction d'orientation sans locomotion véritable (⇒ aussi **tactisme, taxie**). **2.** (1957) FIG. et LITTÉR. Réaction élémentaire à une cause extérieure ; acte réflexe très simple. « *Tropismes* », *de Nathalie Sarraute*.[4]

Sarraute überträgt den aus der Biologie stammenden Begriff des Tropismus auf das von ihr angenommene Phänomen vorbewußter, innerer Gefühlsregungen, die als Reaktion auf äußere Reize auftreten.[5] Diese Reize können Wörter, eine betimmte Intonation, Aussprache oder auch Gegenstände sein.[6] Wie der biologische Tropismus kann auch der Gefühlstropismus eine

---

4) *Le Nouveau Petit Robert. Dictionnaire alphabétique et analogique de la langue française*, herausgegeben von Rey-Debove, Josette; Rey, Alain, Paris: Le Robert, 1993, S. 2321.
   Eine weitere Definition findet sich bei: Mireille Calle-Gruber, „Nathalie Sarraute ou l'invention du tropisme en littérature", *Avantgarde* 4 (1990), 121–134, hier S. 121.
   Falsch erscheint die von Sabine Raffy (*Sarraute romancière. Espaces intimes*, New York u. a: Lang, 1988, S. 1) gegebene (Teil-)Definition des Tropismus als „unité minimale de la perception". Der Tropismus ist nicht Wahrnehmung, sondern Reaktion.
   Pierre de Boisdeffre mißversteht die Tropismen vollkommen als „[...] ce que d'autres nommeraient des « réflexes conditionnés » ou des caractères acquis" (Pierre de Boisdeffre, „Nathalie Sarraute à la recherche du « petit fait vrai »", in: ders., *Où va le Roman ? – Essai*, Paris: Del Duca, 1972, S. 231–240, hier S. 235). Der Tropismus ist weder ein antrainierter Reflex noch eine Charaktereigenschaft, sondern ein allen Menschen gemeiner Reflex, der nicht als Gefühl und schon gar nicht Eigenschaft benannt werden kann, sondern so diffus ist, daß man sich ihm sprachlich nur annähern kann.
5) Im folgenden werden Tropismus und Gefühlsregung synonym verwendet, auch wenn ich der Aussage Rachel Boués, die Tropismen seien nur ein „doublet lexicologique des sensations" nicht zustimmen kann: Der Tropismus bei Sarraute ist begrifflich enger gefaßt; er besitzt bestimmte Eigenschaften (Rachel Boué, *Nathalie Sarraute, la sensation en quête de parole*, Paris u. a: L'Harmattan, 1997, S. 9).
6) Lucette Finas konstatiert die substantielle Verschiedenartigkeit der möglichen Tropismenauslöser. Lucette Finas, „Le cœur transpercé des statues de cire", *Littérature* 118 (2000), H. Juni, 15–24, hier S. 20.)
   Sarraute ist nicht die erste, die den Terminus Tropismus in die Literatur einführt. In seiner biologischen Bedeutung nennt in schon André Gide in seinem Roman *Les Caves du Vatican* (1914). Siehe die „Notice" von Valerie Minogue zu *Tropismes*, in: *Œuvres complètes*, S. 1717–1724, hier S. 1719.

Bewegung auf den Auslöser hin oder von ihm weg sein.[7] Im Gegensatz zum biologischen Tropismus wird der Gefühlstropismus jedoch selbst wieder zur Quelle von Handlungen, die ihrerseits wiederum Reizauslöser sein können. So führt der durch Worte hervorgerufene Tropismus selbst wieder zur Hervorbringung von Worten, die beim Gegenüber wiederum Gefühlsregungen auslösen können. Hierbei wird oft festgestellt, daß der Tropismus bei Nathalie Sarraute vor allem eine negative Reaktion sei.[8] Sarraute wehrt sich jedoch gegen diesen Vorwurf:

> Je suis toujours très surprise quand les gens attribuent à ces ‚tropismes' des qualifications d'agressivité, de morbidité que je ne leur attribue absolument pas. [...] jamais je ne me place au-dehors pour les qualifier moralement.[9]

Sarraute sieht ihr literarisches Schaffen als ein Instrument zum Aufspüren und Analysieren dieser Gefühlsregungen[10], die sie dem Leser nicht erklärend zeigen, sondern im Moment des Lesens bei ihm auslösen will.

Da Sarraute mit ihren ersten Werken *Tropismes*, *Portrait d'un inconnu* (trotz der Unterstützung und eines Vorwortes von Jean-Paul Sartre) und *Martereau* wenig Verständnis bei Lesern und Kritikern erntete, entschloß sie sich, die ihren Texten zugrundeliegende These der Existenz der Tropismen durch theoretische Schriften zu erläutern. 1956 erschien der Band *L'Ère du soupçon*, der zum Teil schon zuvor veröffentlichte Aufsätze enthielt. Hier beschreibt Sarraute den Tropismus mit folgenden Worten:

> Ce sont des mouvements indéfinissables, qui glissent très rapidement aux limites de notre conscience; ils sont à l'origine de nos gestes, de nos paroles, des sentiments que nous manifestons, que nous croyons éprouver et qu'il est possible de définir. Ils me paraissaient et me paraissent encore constituer la source secrète de notre existence.

---

7) Laut Jacques Howlett entspricht dies den Begriffen „positiver Tropismus" (anziehende Wirkung des Reizes) und „negativer Tropismus" (abstoßende Wirkung des Reizes). Jacques Howlett, „Les Tropismes de Nathalie Sarraute", *Esprit* 26 (1958), H. 263–264, 72.
8) Siehe z. B. Leah D. Hewitt, „Mots de contacts, mots d'attaque: les travestissements de l'identité", in: Sabine Raffy (Hrsg.), *Autour de Nathalie Sarraute*, S. 211–224, hier S. 211: „Les tropismes de Nathalie Sarraute [...] sont imbus de négativité."
9) Nathalie Sarraute im Gespräch mit Simone Benmussa, *Entretiens avec Nathalie Sarraute*, Tournai (Belgique): La Renaissance du Livre, 1999, S. 72.
10) Sarraute spricht z. B. in *L'Ère du soupçon* von einer „analyse" (*L'Ère du soupçon*, S. 1602f.) und in „Roman et réalité" von einer „recherche" (Nathalie Sarraute, „Roman et réalité", in: *Œuvres complètes*, S. 1643–1656, hier S. 1647).

> Comme, tandis que nous accomplissons ces mouvements, aucun mot – pas même les mots du monologue intérieur – ne les exprime, car ils se développent en nous et s'évanouissent avec une rapidité extrême, sans que nous percevions clairement ce qu'ils sont, produisant en nous des sensations souvent très intenses, mais brèves, il n'était possible de les communiquer au lecteur que par des images qui en donnent des équivalents et lui fassent éprouver des sensations analogues.[11]

Sarraute möchte den Tropismus vom *sentiment*, jenem durch Schlagwörter wie „bonheur", „amour" oder „haine" festgelegten Gefühls-Gemeinplatz abgegrenzt wissen: Während diese benennbaren bzw. benannten Gefühle durch das Benennen eher zu leblosen Konstrukten werden, versucht sie, den Tropismus in seiner Lebendigkeit einzufangen bzw. im Schreiben wieder aufleben zu lassen.[12] Da der einzelne Tropismus selbst nicht benennbar ist, versucht Sarraute neue literarische Techniken zur Umschreibung und Evozierung dieser unbestimmten, diffusen Gefühlsregungen zu entwickeln. So wie der Tropismus unbemerkt bzw. unbewußt im Menschen aktiv wird, so versucht Sarraute zum Beispiel in *Le Planétarium* oder *Les Fruits d'or* auch Gedanken oder äußeren Dialog unbemerkt in tropismale Beschreibungen übergehen zu lassen. Diese und andere Techniken sollen in Kapitel 3.1 behandelt werden. Sarrautes einzelne Werke können eine Annäherung an viele Tropismen (*Le Planétarium*) oder auch an einen einzigen (*Tu ne t'aimes pas*) darstellen.

Im folgenden soll die Existenz der Tropismen nicht in Frage gestellt werden.[13] Ziel dieser Arbeit ist es zu analysieren, auf welche Art und Wei-

---

11) *L'Ère du soupçon*, S. 1553f. Sarraute glaubt, daß diese Tropismen schon bei Dostojewskij in den bizarren Verrenkungen seiner Romanfiguren zu finden seien, nur daß dessen Techniken noch zu primitiv gewesen seien. Siehe *L'Ère du soupçon*, S. 1566 sowie S. 1572.

12) Vgl. *L'Ère du soupçon*, S. 1555:
> [...] il ne faut pas confondre sous la même étiquette la vieille analyse des sentiments [...] avec la mise en mouvement de forces psychiques inconnues et toujours à découvrir dont aucun roman moderne ne peut se passer.

Sowie S. 1662:
> Des mouvements à l'état naissant, qui ne peuvent pas encore être nommés, qui n'ont pas encore accédé à la conscience où ils se figeront en lieux communs, forment la substance de tous mes livres.

13) Stephen Heath zum Beispiel erklärt den Tropismus offen zum „dubious concept", wobei er Sarraute insbesondere einen „lack of historical awareness" bzgl. sozialer Gegebenheiten vorwirft. Während es natürlich berechtigt erscheint, das Tropismus-Konzept in Frage zu stellen, ist der zweite Teil der Kritik unzulässig:

se Sarraute ihr Konzept des Tropismus in Text umzusetzen und dem Leser fühlbar zu machen sucht. Die Theorie der Tropismen im Sinne Sarrautes sei als Grundlage vorausgesetzt. Die Beantwortung der Frage nach Existenz oder Nicht-Existenz der Tropismen soll jedoch der Philosophie oder Neurologie[14] überlassen sein. Die vorliegende Arbeit begibt sich also in eine gewisse Abhängigkeit von Sarrautes Theorie, wie sie Francine Thyrion auch anderen Literaturwissenschaftlern vorwirft:

> Néanmoins, elle [Sarraute, F. d. P.] a [...] préparé les instruments d'une interprétation peu autonome, très dépendante de ses propres déclarations. Celles-ci ont souvent été considérées comme exprimant la vérité de l'œuvre alors qu'elles énoncent la compréhension que l'auteur a de son faire et de son intention lorsqu'il écrit.[15]

Ich schließe mich der Meinung von Mireille Calle-Gruber an, daß es interessanter sei, „de ‚jouer le jeu' avec Nathalie Sarraute et [...] de considérer l'aboutissement du projet *tel qu'elle l'a voulu: littéraire.*"[16]

2.2 Wörter

Sarraute beschäftigt sich in ihrem Werk zum einen mit der Frage nach dem Reiz-Reaktions-Verhältnis von Sprache und Tropismus und zum anderen mit dem Problem der Darstellbarkeit von Tropismen mittels Sprache.

Neben Gegenständen oder bloßer Anwesenheit von anderen Menschen sind vor allem Wörter Tropismenauslöser. Sarraute forscht in ihrem Werk immer wieder nach Ausdrücken[17] oder auch bestimmten Intonationen[18]

Heath geht hier von seinen eigenen Vorstellungen des Sinns von Literatur aus, anstatt von Sarrautes Prämissen. Stephen Heath, *The Nouveau Roman: A Study in the Practice of Writing*, London: Elek, 1972, S. 57f. sowie S. 65f.

14) In „Ce que je cherche à faire" zieht Sarraute zur Unterstützung ihrer Theorie von der Existenz nicht-verbaler Gefühlsregungen und Gedanken die Aussagen des Physiologen Jacques Monod heran („Ce que je cherche à faire", in: *Œuvres complètes*, S. 1694–1706, hier S. 1699f.). In der Diskussion, die auf ihren Vortrag folgte, nimmt Sarraute ihre Berufung auf einen naturwissenschaftlichen Standpunkt zurück, betont aber die Richtigkeit der Aussage („Discussion", in: Jean Ricardou, Françoise van Rossum-Guyon (Hrsg.), *Nouveau Roman: hier, aujourd'hui*, Bd. II, *Pratiques*, Paris: U. G. E., 1972, S. 41–58, hier S. 43f. und 46).

15) Francine Thyrion, „Langage et authenticité dans *Les Tropismes* de Nathalie Sarraute: points de vue contrastés", *Les Lettres Romanes* 51 (1997), H. 3–4, 263–273, hier S. 265.

16) Calle-Gruber, S. 125.

17) Zum Beispiel der Satz „Vous ne vous aimez pas." aus *Tu ne t'aimes pas* (*Tu ne t'aimes pas*, S. 1149).

18) In *Ouvrez* versucht der Sprecher die Intonation wiederzufinden, mit der er „Au

oder Aussprachebesonderheiten[19], die in einem Menschen Tropismen auslösen. Tropismus und Sprache stehen dabei in einem engen Wechselverhältnis: So wie ein Wort eine Gefühlsregung auslösen kann, so führt eben diese Gefühlsregung wiederum dazu, daß jemand bestimmte Worte äußert. Sarraute untersucht vor allem besonders banal erscheinende Floskeln oder Gemeinplätze[20], um den in ihnen mitschwingenden Reizen auf den Menschen nachzuforschen. Aber auch hinter der scheinbaren Banalität eines ganzen Gesprächs deckt sie die unbewußt ablaufenden inneren Regungen mittels der Technik der *sous-conversation*, der Darstellung der Regungen mittels narrativer Sequenzen oder Bilder, auf.[21]

Neben diesem Reiz-Reaktions-Schema von Sprache und Tropismus thematisiert Sarraute aber auch das Problem der Umsetzung des Tropismus in Sprache.[22] Sprache erweist sich hierbei als konventionelles und lineares, daher eigentlich unbrauchbares Mittel zur Vermittlung der unsagbaren, zeitlich gesehen punktuellen Gefühlsregungen. Sarraute versucht, einen Ausweg aus dem Dilemma zu finden, daß die Sprache alles in vorgefaßte Schemata preßt und Lebendigkeit erstarren läßt, denn

> [c]es états, en effet, sont comme ces phénomènes de la physique moderne, si délicats et infimes qu'un rayon de lumière ne peut les éclairer sans qu'il les trouble et les déforme.[23]

Sarraute entwickelt im Laufe ihrer Arbeit eine Technik des Umschreibens, in der Sprache den Tropismus nicht benennen, sondern sich ihm nur annähern soll.[24] Sprache verliert bei Sarraute ihre Bezeichnungsfunktion und dient stattdessen dem Auslösen von Assoziationen, die ein Äquivalent des

---

revoir" gesagt hat. (*Ouvrez*, S. 30f.)

19) Zum Beispiel die Aussprache der Endung „-isme" als „-isma" im gleichnamigen Theaterstück *Isma* von 1970 (in: *Œuvres complètes*, S. 1421–1449).

20) Zum Problem der Präexistenz von Sprache bzw. der Gemeinplätze vgl.: Laurent Adert, *Les Mots des autres. Lieu commun et création romanesque dans les œuvres de Gustave Flaubert, Nathalie Sarraute et Robert Pinget*, Villeneuve d'Ascq: Presse universitaire du Septentrion, 1996; Ruby Cohn, „Nathalie Sarraute et Virginia Woolf: ,Sisters under the skin'", in: J. H. Matthews (Hrsg.), *Un Nouveau Roman? Recherches et tradition*, Paris: Lettres Modernes, 1964, S. 167–180, hier S. 178f.; Valerie Minogue, „L'enfant et les sortilèges ou l'enfant d'éléphant au pays des mythes", in: Sabine Raffy (Hrsg.), *Autour de Nathalie Sarraute*, S. 49–62; Monique Wittig, „L'ordre du Poème", in: Sabine Raffy (Hrsg.), *Autour de Nathalie Sarraute*, S. 31–36, hier S. 34.

21) Siehe hierzu Kapitel 3.1.2.2.1 (Distanz), S. 43f.

22) Sarraute im Gespräch mit Jean Louis Ezine, *Les Ecrivains sur la sellette*, Paris: Seuil, 1981, S. 39: „Toute la difficulté de mon travail, c'est de prendre l'élément psychique à l'état pur, avec des mots, cette matière aplatie par l'usage."

23) *L'Ère du soupçon*, S. 1583.

24) Siehe Kapitel 3.1.3.1 (Ästhetik des Versuchs), S. 70f.

Tropismus hervorrufen sollen.[25] Hierbei wird stets eine Spannung zwischen Sagen und Nicht-Sagen aufrechterhalten, die die Bedeutung in der Schwebe zu belassen versucht. Sarraute sieht darin einen Kampf zwischen Worten und Empfindungen:

> C'est cette lutte continuelle entre la sensation qu'il faut conserver telle qu'elle est, qu'il faut faire entrer dans les mots, des mots qui la figent, des mots qui la déforment, des mots qui la grossissent, c'est cette lutte continuelle entre la force du langage qui entraîne et détruit la sensation, et la sensation qui, elle aussi, détruit le langage.[26]

Die Thematisierung der Inadäquatheit von Sprache erfolgt in Sarrautes Werken auf zwei Ebenen: Einerseits wird durch das Umschreibungsverfahren indirekt auf die Unsagbarkeit des Tropismus verwiesen. Andererseits wird die Unangemessenheit von Ausdrücken in den Texten von Romanfiguren direkt angesprochen.

2.3 Kunst

Das Thema Kunst wird in Sarrautes Werk ebenfalls auf mehreren Ebenen entwickelt.

Zum einen können Kunstwerke selbst – wie auch banale Gegenstände – zu Tropismenauslösern werden. So dienen in *Le Planétarium* eine Tür, Sitzmöbel und eine Marienfigur als Katalysatoren[27] der verborgenen Äng-

---

25) Vgl. Rachel Boué, *Nathalie Sarraute, la sensation en quête de parole*, Paris u. a.: L'Harmattan, 1997, S. 20: „Un tel projet d'écriture conduit à entretenir deux types de rapport à la langue: l'un allant vers une mise en question du code de signification et l'autre, cherchant, au contraire, une forme de renaissance de la langue, par le biais d'un retour aux origines de la formulation."

26) Nathalie Sarraute im Gespräch mit Simone Benmussa: *Entretiens avec Nathalie Sarraute*, S. 139.
   Valerie Minogue geht einen Schritt weiter, wenn sie – in Anlehnung an H. G. Wells – in ihrer Analyse von Sarrautes Werken von einem „war of the words" spricht. Valerie Minogue, *Nathalie Sarraute and the War of the Words. – A study of five novels*, Edinburgh: University Press, 1981, S. 1.
   Rachel Boué sieht bei Sarraute einen Widerstand gegenüber der Autorität der Sprache, welcher sich in geradezu eine „terreur" vor der konventionellen Sprache und seiner Gewalt auswirkt. Rachel Boué, „Le drame de la parole chez Nathalie Sarraute", in: Pascale Foutrier (Hrsg.), *Nathalie Sarraute, éthiques du tropisme: actes du Colloque Nathalie Sarraute, 7 mai 1999*, Paris: L'Harmattan, 2000, S. 153–167.

27) J. H. Matthews spricht auch von „paratonnerre". J. H. Matthews, „Nathalie Sarraute et la présence des choses", in: ders. (Hrsg.), *Un Nouveau Roman ? Recherches et tradition*, Paris: Lettres Modernes, 1964, S. 181–198, hier S. 185.

ste der Romanfiguren.²⁸ In ähnlicher Weise wird aber auch das Wort selbst zum Objekt, an dem sich die Romanfiguren stoßen.

Zum anderen werden in den Romanen literaturästhetische Standpunkte von Romanfiguren diskutiert. In *Le Planétarium* vertritt Alain Guimiez eine Ästhetik der „matière brute", welche die Literatur zu ihrem Thema machen sollte,²⁹ und die an Sarrautes eigene Ästhetik der „matière neuve, inconnue"³⁰, nämlich des Tropismus, erinnert. *Les Fruits d'or* dreht sich um die Frage der Beurteilungskriterien der Qualität eines Romans³¹; am Ende tritt ein Leser auf, der den einsamen³², lebendigen Kontakt zum Buch sucht.³³ In *Entre la vie et la mort* folgt der Leser den Bemühungen eines Schriftstellers, jene „chose intacte, vivante"³⁴ in Sprache einzufangen. Das multiple Ich in *Tu ne t'aimes pas* mag ein schlichtes Gedicht, da „il y a en lui une vraie innocence... quelque chose d'intact..."³⁵ Die in den Beispielen vertretenen ästhetischen Ansichten spiegeln Sarrautes eigene Ästhetik wieder. In Sarrautes Romanen findet sich immer zumindest eine Figur, die ähnliche künstlerische Vorstellungen wie Sarraute in ihren theoretischen Schriften äußert.³⁶

---

28) Siehe hierzu auch: Jean Pierrot, „Le thème de l'art dans *Vous les entendez ?*", in: Sabine Raffy (Hrsg.), *Autour de Nathalie Sarraute*, S. 101–115; Sabine Raffy, „L'espace et le mythe dans *Vous les entendez ?*", in: dies., *Autour de Nathalie Sarraute*, S. 19–29; Tiphaine Samoyault, „Des choses sans objet", *Littérature* 118 (2000), H. Juni, 25–34.
29) *Le Planétarium*, S. 518.
30) „Roman et réalité", S. 1647.
31) Pascale Foutrier macht hier ganz bestimmte Literaturkritikströmungen aus: s. Pascale Foutrier, „Nathalie Sarraute et le jugement esthétique: critique de la critique", in: dies. (Hrsg.), *Nathalie Sarraute, éthiques du tropisme*, S. 85–110, hier S. 99ff.
32) Laut Ann Jefferson können Sarrautes Figuren den wahren Kontakt zum Kunstwerk nur durch die einsame Verschmelzung mit diesem, die Auflösung der Grenzen zwischen dem Ich und dem Werk finden. Das Abstandnehmen zum Kunstwerk, um die eigene Empfindung einem anderen mitzuteilen und mit ihm zu teilen, führt unweigerlich zum Bruch des Kontaktes zum Werk. Ann Jefferson, „Entre fusion et rupture: les modes de la subjectivité sarrautienne", in: Pascale Foutrier (Hrsg.), *Nathalie Sarraute, éthiques du tropisme*, S. 71–83.
   Eine ähnliche Meinung vertritt: Pascale Foutrier, „Nathalie Sarraute et le jugement esthétique: critique de la critique", in: dies. (Hrsg.), *Nathalie Sarraute, éthiques du tropisme*, S. 85–110.
33) *Les Fruits d'or*, S. 615ff.
34) *Entre la vie et la mort*, S. 733.
   Zur Spiegelung der eigenen literarischen Tätigkeit in *Entre la vie et la mort* siehe z. B. Jean Pierrot, „L'écrivain en miroir", *Revue des Sciences Humaines* 93 (1990), H. 217, 59–73.
35) *Tu ne t'aimes pas*, S. 1200.
36) Ann Jefferson sieht darin „critical lessons", die Sarrautes Schule des Lesens von den theoretischen Schriften in die fiktionalen Texte überträgt. Ann Jefferson,

Wie der Titel *Entre la vie et la mort* es bereits besagt, entwickelt Sarraute stets eine Dichotomie des positiv belegten Lebendigen, Bewegten ohne klare Konturen und des negativ belegten Toten, Erstarrten, Abgegrenzten.[37] Diese Dichotomie findet sich nicht nur in den explizit kunstästhetischen Äußerungen der Romane und Essays, sondern häufig in Vergleichen und Bildern. Sarrautes Werk verhandelt somit ästhetische Fragen sowohl thematisch als auch formal.[38]

2.4 Das Ich und die Anderen

Abgesehen von den tropismenauslösenden Objekten benötigen die Tropismen als Auslöser ein menschliches Gegenüber (und sei es nur imaginiert):

> Car ces drames intérieurs faits d'attaques, de triomphes, de reculs, de défaites, de caresses, de morsures, de viols, de meurtres, d'abandons généreux ou d'humbles soumissions, ont tous ceci de commun, qu'ils ne peuvent se passer de partenaire. [...]
> C'est lui le catalyseur par excellence, l'excitant grâce auquel ces mouvements se déclenchent, l'obstacle qui leur donne de la cohésion, qui les empêche de s'amollir dans la facilité et la gratuité ou de tourner en rond dans la pauvreté monotone de la manie.[39]

Der Andere ist bei Sarraute immer zugleich Anziehungs- und Abstoßungspunkt, Tropismenauslöser und -empfänger. Sarraute entwickelt in ihrem Werk eine eigene Vorstellung der Beschaffenheit der menschlichen Psyche und zwischenmenschlicher Wechselbeziehungen auf der Tropismenebene, die im folgenden näher betrachtet werden sollen.

„Nathalie Sarraute – Criticism and the ‚Terrible Desire to Establish Contact'", in: Michael Cardy, George Evans, Gabriel Jacobs (Hrsg.), *Narrative Voices in Modern French Fiction, Studies in Honour of Valerie Minogue*, Cardiff: University of Wales Press, 1997, S. 37–56, hier S. 48.

37) Siehe z. B. Alan J. Clayton, „Nathalie Sarraute et R. M. Rilke. Une course de relais jamais interrompue", in: Roger-Michel Allemand (Hrsg.), *Le « Nouveau Roman » en questions. « Nouveau Roman » et archétypes*, Bd. 2, Paris: Lettres Modernes, 1993, S. 67–92, hier S. 86.

38) Gerda Zeltner bescheinigt dem Thema Kunst in Sarrautes Werk einen „rein parabolischen Charakter, der für „die jedem Menschen eingeborene schöpferische Kraft einsteht." Gerda Zeltner, „Nathalie Sarraute", in: Wolf-Dieter Lange (Hrsg.), *Französische Literatur der Gegenwart. In Einzeldarstellungen*, Stuttgart: Kröner, 1971, S. 287–311, hier S. 309.

39) *L'Ère du soupçon*, S. 1595f.

2.4.1 „This terrible desire to establish contact"

Sarraute sieht zwischenmenschliches Verhalten als ein stetes Hin und Her zwischen dem Bedürfnis nach Nähe und dem Gefühl des Abgestoßenseins bzw. -werdens: Zum einen macht Sarraute als menschliche Grundkonstante jenen *terrible desire to establish contact*[40] aus, der die Menschen immer wieder zu Kommunikationsversuchen treibt:

> C'est ce besoin continuel et presque maniaque de contact, d'une impossible et apaisante étreinte, qui tire tous ces personnages comme un vertige, les incite à tout moment à essayer par n'importe quel moyen de se frayer un chemin jusqu'à autrui, de pénétrer en lui le plus loin possible, de lui faire perdre son inquiétante, son insupportable opacité, et les pousse à s'ouvrir à lui à leur tour, à lui révéler leurs plus secrets replis.[41]

Diesem Bedürfnis nach Nähe und Annäherung folgen alle Sarrauteschen Protagonisten bis zur Selbstaufgabe, auch wenn den Versuchen stets Mißerfolg beschieden ist.[42] Als begehrter, fast unerreichbarer Zielpunkt steht bei Sarraute die geistige, gefühlsmäßige Verschmelzung, „fusion", der voneinander getrennten Individuen.[43] So weigern sich die multiplen Stimmen des Ichs in *Tu ne t'aimes pas*, den Begriff des „amour partagé" auf ihre Beziehung zu jemand anderem anzuwenden, und sprechen stattdessen vom anderen als „une part inséparable de nous-mêmes"[44].[45]

---

40) Sarraute zitiert diesen Ausdruck von Katherine Mansfield nach André Gide, der damit die Dostojewskijschen Romanfiguren beurteilt. *L'Ère du soupçon*, S. 1568.
41) *L'Ère du soupçon*, S. 1568.
42) Vgl. u. a Micheline Tison-Braun, „Lui et eux ou Les Gardiens de l'ordre", *Revue des Sciences Humaines* 93 (1990), H. 217, 97–111.
43) Jean Pierrot sieht in seiner soziologischen Betrachtungsweise die Möglichkeit des gegenseitigen Verständnisses als von der sozialen Zugehörigkeit abhängig. Meines Erachtens liest er hier aber gegen den Text, da er z. B. als Beispiele für das angeblich sogar wortlose Funktionieren der Verständigung zwischen Angehörigen einer geschlossenen Gruppe Textstellen zitiert, welche die Individuen an dem Moment zeigen, an welchem sie an diese Verständigung glauben, – nur um wenig später das Gegenteil erfahren zu müssen. Jean Pierrot, „Connivence et exclusion dans l'œuvre romanesque de Nathalie Sarraute", in: Pascale Foutrier (Hrsg.), *Nathalie Sarraute, éthiques du tropisme*, S. 13–47.
44) *Tu ne t'aimes pas*, S. 1227.
45) Ann Jefferson sieht hier bei den Sarrautschen Figuren sogar eine Unfähigkeit, zwischen sich selbst und der Außenwelt unterscheiden zu können. Ann Jefferson, „Entre fusion et rupture: les modes de la subjectivité sarrautienne", in: Pascale Foutrier (Hrsg.), *Nathalie Sarraute, éthiques du tropisme*, S. 71–83, hier S. 75ff.

2.4 Das Ich und die Anderen

In den meisten Fällen sind die Kräfte jedoch ungleich verteilt: Das nach Nähe und Schutz suchende Ich fühlt sich untergeordnet[46], da es im Gegensatz zum starken Anderen nicht jene klaren Konturen des benennbaren Charakters, an denen alles abprallt, aufweist. Es fühlt sich dazu genötigt, sich dem starken Anderen zu unterwerfen, sich von seinem Wesen ausfüllen zu lassen.

Auf der anderen Seite steht jedoch der Wille des Ichs, sich nicht vom Anderen bzw. den anderen (zumeist im Plural: „ils, elles") okkupieren zu lassen, seine Unabhängigkeit zu bewahren.[47] Denn der Kontakt zum anderen wird als etwas Erniedrigendes, sogar Widerwärtiges empfunden, das es zu vermeiden gilt.

Als Waffen dienen in diesen zwischenmenschlichen Kämpfen wiederum die Wörter[48], die, anscheinend banal, im „Gegner" negative Tropismen auslösen können. Außerdem dient der Blick als Mittel, den anderen auf eine feste Größe zu reduzieren: „L'homme est réduit à l'état de chose vue."[49]

---

46) Anthony S. Newman macht hier oft auch ein Schuldgefühl aus, das die Beteiligten gemäß dem „axe agent/patient ou bien sujet/objet, actif/passif, ou encore observateur/observé" agieren läßt. Anthony S. Newman, „Le sentiment de culpabilité: Domaine tropismique par excellence ?", *L'esprit créateur* 36 (1996), H. 2, 89–102, hier S. 90.

47) Vgl. auch Alan J. Clayton, *Nathalie Sarraute ou le tremblement de l'écriture*, Paris: Lettres modernes, 1989, S. 77:
> Telle est donc la double «postulation» du moi-tropisme: simultanément et paradoxalement, il se livre et se retient, [...] De là, pour conclure, la singulière *tendresse* avec laquelle l'écriture sarrautienne accueille ces rares moments de «parfaite fusion» où les consciences s'accouplent dans l'exquise jouissance de l'entente [...]

Sowie: Marie Miguet, „Nathalie Sarraute et les chefs-d'œuvre inconnus (lecture intertextuelle de ‚Portrait d'un Inconnu')", *Revue des Sciences Humaines*, 93 (1990), H. 217, 127–138, hier S. 132.

48) Vgl. z. B. Arnaud Rykner, „Théâtre et cruauté: Les écorchés de la parole", in: Sabine Raffy (Hrsg.), *Autour de Nathalie Sarraute*, S. 241–255, hier S. 252.

49) Ludovic Janvier, „Nathalie Sarraute ou l'intimité cruelle", in: ders., *Une Parole exigeante. Le nouveau roman*, Paris: Minuit, 1964, S. 63–87, hier S. 70. Janvier spricht sogar von einer „espèce de viol par le regard" (S. 67).
Siehe vergleichend auch: Dominique Aury, „Nathalie Sarraute, „Le Planétarium (Gallimard)", *La Nouvelle Revue française* (1959), H. Juli, 136–137; Roland Le Huenen, „Le regard, les signes et le sujet: à propos du ‚Planétarium'", *Revue des Sciences Humaines* 93 (1990), H. 217, 113–126; Eberhard Leube, „Aspekte der literarischen Tradition im Nouveau Roman. Nathalie Sarraute und ‚Le Planétarium'", in: Leube, Eberhard; Schrader, Ludwig (Hrsg.), *Interpretation und Vergleich. Festschrift für Walter Pabst*, Berlin: Schmidt, 1972, S. 184–206, hier S. 194ff.

2.4.2 „Là où je suis, il y a comme une place vide"

Zusammen mit ihrer Vorstellung der zwischenmenschlichen Beziehungen auf tropismaler Ebene entwickelt Sarraute eine ganz eigene Idee von der tropismalen Persönlichkeit des Individuums.

Zunächst stellt sie Romanfiguren vor, die mit dem Gefühl der Konturenlosigkeit und Verschwommenheit ihres Selbst zu kämpfen haben. In dem Moment, da sie einen „noyau dur" in ihrem Inneren erschaffen können, wechseln die Figuren auf die Seite der starken Persönlichkeiten, die sich von den anderen abzugrenzen wissen und an denen die Worte, ohne Tropismen auszulösen, abprallen. So schafft es zum Beispiel Alain in *Le Planétarium* für einen kurzen Moment, seine Persönlichkeit abzugrenzen, woraufhin ihm die anderen wiederum als zu verschwommen, offen und hilflos erscheinen:

> Assis là immobile, il [Alain, F. d. P.] sent comme cela se forme en lui: quelque chose de compact, de dur... un noyau... Mais il est devenu tout entier pareil à une pierre, à un silex: les choses du dehors en le heurtant font jaillir de brèves étincelles, des mots légers qui crépitent un instant... [...] Le garçon approuve de la tête [...] Aucun noyau dur en lui, c'est évident. En lui tout est mou, tout est creux, n'importe quoi, n'importe quel objet insignifiant venu du dehors le remplit tout entier. Ils sont à la merci de tout. Il était ainsi lui-même il y a quelques instants, comment pouvait-il vivre? comment vivent donc tous ces gens avec ce vide immense en eux où à chaque instant n'importe quoi s'engouffre, s'étale, occupe toute la place...[50]

Bedenkt man die Sarrautesche Dichotomie von „lebendig", „bewegt" versus „tot", „erstarrt", so wird klar, daß Sarraute jene Festigung des Ich nicht für erstrebenswert hält. Bei der Erstarrung zu einer Persönlichkeit spielt das Bild, welches man von sich selbst macht oder das andere sich von einem machen, eine große Rolle. Je nachdem, ob das durch die anderen geformte Bild dem eigenen Selbstbildnis entspricht oder nicht, empfindet das Individuum das vorgefertigte Bild als angemessen oder aber einengend, bedrohlich. In *Le Planétarium* betrachtet Alain „ravi, en elle [Germaine Lemaire, F. d. P.] l'image à leur ressemblance, son portrait qu'elle est en train, il le sait, il en est sûr, de dessiner..."[51], während zumeist alle Romanfiguren das ihnen entgegengeworfene Bild ihrer Selbst abzuwehren versuchen.

---

50) *Le Planétarium*, S. 391f.
51) *Le Planétarium*, S. 397.

2.4 Das Ich und die Anderen

So auch wiederum Alain, der sich in einer anderen Szene gegen sein Bild desjenigen, der geriebene Karotten mag, erfolgreich wehrt:

Alain m'a dit qu'il aimait les carottes râpées. Elle [la mère de Gisèle, F. d. P.] est à l'affût. Toujours prête à bondir. Elle a sauté là-dessus, elle tient cela entre ses dents serrées. Elle l'a accroché. Elle le tire... Le ravier en main, elle le fixe d'un œil luisant. Mais d'un geste il s'est dégagé – un bref geste souple de sa main levée, un mouvement de la tête... « Non, merci... » Il est parti, il n'y a plus personne, c'est une enveloppe vide, le vieux vêtement qu'il a abandonné dont elle serre un morceau entre ses dents.[52]

In *Tu ne t'aimes pas* schließlich geht Sarraute einen Schritt weiter und verkündet offen ihr Bild von der Persönlichkeit als vielstimmigem, uneinheitlichem Ich mit unendlichen Facetten.[53] Im Inneren dieses multiplen Ichs gibt es keine Unterscheidung mehr zwischen Jung und Alt, Mann und Frau, etc. Für jede Stimme findet sich eine Gegenstimme, und nach einer Einigung auf ein bestimmtes Verhalten wird ein Abgesandter nach außen geschickt, der das Ich vor den Anderen vertreten soll. Das Benennen und Sich-ein-Bild-Machen wird offen abgelehnt, da es die Wesensbeschaffenheit des Ichs („[...] je suis l'univers entier, toutes les virtualités, tous les possibles..."[54]) auf unzulässige Weise reduziert. Im Roman wird somit erneut die tötende Wirkung des Benennens angegriffen. So reagiert das multiple Ich auch sehr indigniert auf die Reduzierung seiner Selbst auf die Person desjenigen, der eine bekannte Persönlichkeit kennt: „— Oui, nous... réduits à cela... — Nous si nombreux... incernables... incommensurables..."[55]

In einem Interview mit Simone Benmussa entwickelt Sarraute zum ersten Mal die konkrete Idee des Ichs als leeren Platz, die sie in ihrem nächsten Roman (*Tu ne t'aimes pas*) behandeln möchte:

[...] j'ai l'impression, que là où je suis il y a comme une place

---

52) *Le Planétarium*, S. 408f.
53) Zum philosophischen Aspekt von *Tu ne t'aimes pas* siehe: Monique Wittig, „Avatars", *L'esprit créateur* 36 (1996), H. 2, 109–116. Wittigs These, daß *Tu ne t'aimes pas* alle möglichen literarischen Genres miteinander verschmelze, erscheint jedoch gewagt. Wittig geht hier wohl mehr vom jeweiligen Tonfall, als von tatsächlichen Genremerkmalen aus.
  Zum Gegensatz zwischen multiplem Ich und durch äußere Werte fixiertem Anderen siehe: Pascale Foutrier, „La conscience en éclats: la généalogie de l'identité personnelle dans *Tu ne t'aimes pas* et *Portrait d'un inconnu*", *Roman 20–50*, 25 (1998), H. Juni, 77–88.
54) *Tu ne t'aimes pas*, S. 1155.
55) *Tu ne t'aimes pas*, S. 1163.

vide. [...] Je vois une place vide, je n'imagine pas une vieille
femme, rien du tout, rien, ni un homme, ni un chien... rien.[56]

So findet sich in *Tu ne t'aimes pas* auch der Ausdruck „un espace ouvert
de tous côtés" wieder.[57] Sarraute arbeitet hier also eine Idee aus, die schon
in ihren früheren Werken angelegt war, wie das obige Beispiel aus *Le Planétarium* mit dem Ausdruck „ce vide immense en eux" zeigt.

Bemerkenswert erscheint hier, daß Sarraute in dieser Metapher der
„place vide" ihre allgemeine räumliche Dichotomie für Ich – die Anderen
(ici – là-bas; innen – außen) ausbaut.[58] Mit *Ici* endlich ersetzt Sarraute
auch das multiple Ich durch die reine Ortsmetonymie „ici":

Non seulement il n'y a plus de *je*, mais il n'y a plus même de
nous. Quand nous sommes à l'intérieur de nous-mêmes, il n'y
a plus que l'espace que j'ai appelé „Ici".[59]

Mit Sarrautes Vorstellung vom konturlosen Ich und ihrer Ablehnung des
Sich-ein-Bild-Machens eng verbunden ist ihre Ablehnung des literarischen
personnage[60]: Diese Begrenzung der Romanfiguren auf eine festgelegte
Persönlichkeit mit bestimmten benennbaren Eigenschaften widerspricht
nicht nur Sarrautes Vorstellung von moderner Literatur, sondern eben ihrer Idee der tropismalen, nicht faßbaren Beschaffenheit menschlicher Psyche.[61]

Insgesamt läßt sich in Sarrautes Gesamtwerk ein steigendes Selbstbewußtsein der tropismenluziden und sich ihrer Konturlosigkeit bewuß-

---

56) Benmussa, *Entretiens avec Nathalie Sarraute*, S. 78.
57) *Tu ne t'aimes pas*, S. 1161.
    Sheila M. Bell sieht in *Tu ne t'aimes pas* ein Autoporträt Nathalie Sarrautes,
    da das multiple Ich die Ansichten Sarrautes vertritt. Dieser Meinung ist jedoch
    zu widersprechen, da sonst jeder Text, durch den ein Autor in irgendeiner Weise
    seine Ideen äußert, eine Art Autobiographie wäre. Sarraute vertritt ja gerade die
    Meinung, daß ihre Vorstellung von Tropismen und menschlichem Wesen allgemeingültig, bei jedem Menschen gleich sei. Sheila M. Bell, „Des voix orchestrées:
    Tu ne t'aimes pas de Nathalie Sarraute", *Roman 20–50*, 25 (1998), H. Juni,
    109–124, hier S. 120ff.
58) Vgl. auch Alan J. Clayton, *Nathalie Sarraute ou le tremblement de l'écriture*,
    Paris: Lettres modernes, 1989, S. 66ff.
59) Sarraute im Gespräch mit Monique Wittig: „Le Déambulatoire. Entretien avec
    Nathalie Sarraute", *L'esprit créateur* 36 (1996), H. 2, 3–8, hier S. 7.
60) Vgl. auch: Micheline Tison-Braun, „Les Impostures du Personnage", in: dies.,
    *Le Moi décapité. Le Problème de la personnalité dans la littérature française
    contemporaine*, New York, Bern, Frankfurt a. M. u. a: Lang, 1990, S. 250–267.
    Sowie Sarraute im Gespräch mit Jean Louis Ezine: Ezine, S. 35: „[...] chacun
    de nous est un personnage construit par les autres."
61) Siehe Kapitel 3.1.1.3 (*Personnage*), S. 33f.

2.4 Das Ich und die Anderen

ten Romanfiguren feststellen: Während in *Portrait d'un inconnu* der Ich-Erzähler noch zu Ende seine Tropismensuche aufgibt und sich einer Welt mit einem „aspect lisse et net, purifié", der an den Tod erinnert, ergibt[62], wehrt sich in *Tu ne t'aimes pas* das Ich gegen die Vereinnahmung durch die „fortes personnalités"[63] und läßt am Ende die Frage, ob es besser sei, sich zu lieben oder nicht, d. h. auch: sich ein Bild seiner Selbst zu erschaffen oder nicht, offen.[64]

---

62) *Portrait d'un inconnu*, S. 175.
63) Zum Beispiel *Tu ne t'aimes pas*, S. 1191.
64) *Tu ne t'aimes pas*, S. 1290f.
 Newman sieht in *Tu ne t'aimes pas* auch eine Abnahme möglicher Schuldgefühle auf Seiten des schwachen Ichs, die eher durch Denunzierung der schlechten Seiten der anderen abgelöst werden. Anthony S. Newman, „Le sentiment de culpabilité: Domaine tropismique par excellence?", *L'esprit créateur* 36 (1996), H. 2, 89–102, hier S. 96f.

3 Suggestive Techniken

Als „le seul auteur vivant qui ait apporté du nouveau depuis Proust" bezeichnet Claude Mauriac 1958 Nathalie Sarraute.[1] Diese Aussage deckt sich mit dem Anspruch, den Nathalie Sarraute selbst an ihr Schreiben stellt: Es geht ihr um das Neue und die stetige Erneuerung in der Literatur. Sarraute sieht die Geschichte der Literatur als eine permanente Entwicklung (nicht im Sinne von Fortschritt), als einen Staffellauf an, bei dem jeder Autor das Wissen und die literar-technischen Entwicklungen seiner Vorgänger – den Staffelstab – übernimmt, um dann seine eigene neue Erkenntnis der Literatur hinzuzufügen. Wie beim Staffellauf sei ein Stehenbleiben oder gar Zurückkehren zu alten Formen und Inhalten nicht möglich.[2] Das literarische Werk ist für sie sowohl ein Forschungs- als auch Erkenntnismittel.[3] Die Aufgabe des Autors besteht in der Erforschung einer neuen Realität, des noch – bei Sarraute psychischen – Unbekannten, Unsichtbaren, das sich aus „éléments intacts et neufs"[4] zusammensetzt, nicht in der Wiederholung des schon Gesagten und Sichtbaren. Der Autor muß hinter das Offensichtliche schauen, dort das noch Unbekannte entdecken und dann literarisch umsetzen. Sarraute sieht einen engen Zusammenhang zwischen Inhalt und Form: Die Neuheit der untersuchten „Materie" bedingt zugleich eine neue Form, neue Methoden der literarischen Umsetzung.[5]

Diese neue Form muß die neue Realität, die bei Sarraute in den Tropismen besteht, in die Lage versetzen, „de briser toutes les résistances que

---

1) Claude Mauriac, *L'Alittérature contemporaine*, Paris: Albin Michel, 1958, S. 244.
2) Nathalie Sarraute, „Roman et réalité", in: *Œuvres complètes*, S. 1644–1656, hier S. 1648f.
3) „[...] c'est que le roman, comme tout art, doit être la recherche d'une nouvelle réalité.", „[...] l'œuvre littéraire, comme toute œuvre d'art, est un instrument de connaissance.", „Roman et réalité", S. 1643 und 1645.
4) „Roman et réalité", S. 1644.
5) „Eux seuls [ces éléments, F. d. P.] donnent à la forme ses pouvoirs. Par leur nouveauté, qui donne sa nouveauté à la forme, [...]", „Roman et réalité", S. 1645.
„[...] j'ai été obligée d'adopter *des formes* qui m'étaient absolument imposées par ma recherche." „Roman et réalité", S. 1653.
„Un fait est certain: la recherche des tropismes est indissolublement liée à une recherche de la forme: ils doivent être pris dans du langage et transformés par lui, mais ils ne peuvent se plier à une forme préexistante.", Nathalie Sarraute in einem Interview mit Jean Louis de Rambures, *Comment travaillent les écrivains ?*, Paris: Flammarion, 1978, S. 150f.

lui opposent les habitudes de sentir des lecteurs et de parvenir jusqu'à ces régions de leur subconscient ou de leur inconscient où elle s'implante, où elle se nourrit, où elle prend vie."[6] Mit anderen Worten: Es geht Sarraute darum, den Leser die Tropismen so direkt wie möglich erfahren zu lassen, unter Umgehung seiner vorgefaßten Weltanschauung und einer rationalen Verarbeitung. Im Hinblick auf dieses Ziel wären Sarrautes Techniken also als suggestiv zu bezeichnen, da sie auf eine direkte Beeinflussung des Lesers ausgerichtet sind.

Im vorliegenden Kapitel sollen Sarrautes Techniken zunächst allgemein aus narratologischer Perspektive betrachtet werden, um dann die Frage zu stellen, welche Techniken als besonders auffällig und inwiefern sie als suggestiv angesehen werden dürfen.[7] Der Begriff „Techniken" sei hier sehr weit gefaßt: Unter ihm sollen „forme", „moyens" (wie es Sarraute nennt), Merkmale der *histoire*, Struktur, Stilmerkmale etc. versammelt werden, kurzum die narrativen Mittel, die man als dazu angetan sehen könnte, eine literarische Idee in Worte umzusetzen und beim Leser eine Wirkung zu erzeugen.[8]

Zunächst sollen die Änderungen (im Vergleich zum traditionellen Roman des 19. Jahrhunderts) auf der *histoire*-Ebene, daraufhin diejenigen auf der makrostrukturellen *récit*-Ebene und schließlich diejenigen auf der mehr semantischen Ebene untersucht werden. Als theoretische Grundlage für die Untersuchung der globalen *récit*-Ebene soll dabei Gérard Genettes „Discours du récit"[9] dienen, auch wenn sich Genettes Untersuchungsstruktur nicht überall als gleich ergiebig erweisen wird.[10]

---

6) „Roman et réalité", S. 1645.
7) Für eine Kurzübersicht der auffälligsten Techniken Sarrautes siehe: Anthony Newman, „Enfance de l'écriture, l'écriture d'*Enfance*", in: Sabine Raffy (Hrsg.), *Autour de Nathalie Sarraute, Actes du Colloque international de Cerisy-La-Salle des 9 au 19 juillet 1989 sous la direction de Valerie Minogue et Sabine Raffy*, Paris: Les belles lettres, 1995, S. 37–48, hier S. 38.
8) In *L'Ère du soupçon* spricht Sarraute selbst von „techniques" (*L'Ère du soupçon*, S. 1554).
9) Gérard Genette, „Discours du récit", in: ders., *Figures III*, Paris: Seuil, 1972, S. 65–282. Siehe ergänzend: Gérard Genette, *Nouveau discours du récit*, Paris: Seuil, 1983.
10) In meiner Dreiteilung der Techniken folge ich annähernd dem entsprechenden Aufbau von Béatrice Bloch, *Le roman contemporain. Liberté et plaisir du lecteur – Butor, des Forêts, Pinget, Sarraute...*, Paris, Montréal: L'Harmattan, 1998. Leider ist ihr – wie auch der vorliegenden Arbeit – eine saubere Trennung von, wie sie es nennt, „constituants sémiotiques" (entspricht ungefähr meinem globalen *récit*) und „constituants sémantiques" (meine semantische Ebene) nicht überzeugend gelungen. So muß sie z. B. den *mode de narration* sowohl unter ersterem als auch zweiterem Kapitel einordnen.

3.1 Techniken

3.1.1 Ebene der Geschichte (*histoire*): Allgemeine Unterschiede zum traditionellen Roman

Als für ihr Thema der Tropismen besonders unangebracht sieht Sarraute die Intrige und die Charaktere des traditionellen Romans an. Damit der Leser sich ganz auf die Tropismen einlassen kann, darf er nicht durch eine äußere Handlung und künstliche *personnages* (Romanfiguren) abgelenkt werden:

> Il me semblait de plus en plus qu'ils étaient, ces « Tropismes », la pulsation secrète de la vie: eux seuls m'intéressaient. Je voulais qu'eux seuls intéressent le lecteur.
> Rien ne devait distraire d'eux son attention. Ni l'intrigue. Ni les personnages. Ceux-ci ne devaient être que de simples supports. Le tropisme, pris en lui-même devait concentrer sur lui toute l'attention.[11]

Für Sarraute gehören Intrige und Charaktere zum schon Bekannten, schon Erforschten, schon Klassifizierten. Für die Erkundung einer neu entdeckten Realität wie der des Tropismus sind die *personnages* unbrauchbar, sie gehören zum Cliché, sind Trugbilder (*trompe-l'œil* [12]), und der Autor, der sie noch zum Ziel seines Werkes macht, läßt sich das Vergehen, nur eine „copie de la copie"[13] zu schreiben, zuschulden kommen.

---

11) „Roman et réalité", S. 1652.
12) S. z. B. *L'Ère du soupçon*, S. 1609:
    Ce qu'ils [les lecteurs, F. d. P.] voient n'est plus qu'un trompe-l'œil. Une plate et inerte copie. Les personnages ressemblent à des mannequins de cire, fabriqués selon les procédés les plus faciles et les plus conventionnels. [...] on a peine à croire que ces schémas enfantins, ces poupées, imitant la plus grossière apparence, que sont leurs héros, aient jamais pu éprouver les sentiments, [...] qu'éprouvaient [...] les hommes vivants de leur temps.
13) S. z. B. *Tropismes*, S. 30: „[...] ils dataient vraiment trop, [...] des clichés, des copies, la copie d'une copie, pensait-elle."; *Le Planétarium*, S. 503: „L'ensemble prend un air de basse époque, de copie de copie."; In *L'Ère du soupçon* zieht Sarraute hierzu ein Zitat Philip Toynbees heran: „son crime [du romancier, F. d. P.] le plus grave: répéter les découvertes de ses prédécesseurs" (*L'Ère du soupçon*, S. 1587).

3.1.1.1 Handlung (*intrigue*)

Sarraute unterscheidet zwischen zwei Ebenen der Handlung, „celui des tropismes et celui des apparences".[14] Zur Ebene des äußeren Scheins gehören die Charaktere, die Handlungsorte und Handlungen der *personnages*. Diese dienen als Auslöser und Träger für die innere Ebene der Tropismen, weshalb die äußere Ebene im weiteren auch *support*-Ebene genannt sei.

Sarraute geht es in ihren Romanen zwar nicht um eine äußere Handlung, sie gesteht jedoch ein, daß es zur Darstellung der Tropismen zunächst eines Tropismenträgers – des *personnage* – sowie tropismenauslösender Momente bedarf. Eine äußere Handlung kann in Sarrautes Werk folgende Funktionen erfüllen: Sie wird als Kohärenzstifter eingesetzt, sie kann als Kontrastfolie zu den Tropismen dienen oder sie gibt die auslösenden Momente (Situationen, Sätze, spezielle Aussprache[15]) für die Tropismen vor.

Um den Leser nicht von der Ebene der Tropismen abzulenken, versucht Sarraute die äußeren Handlungen stets möglichst banal zu halten. Folglich muß jede Inhaltsangabe zu Sarrautes Werken auch besonders kurz und aussageschwach geraten: *Le Planétarium* z. B. handelt von dem aufstrebenden Schriftsteller Alain Guimier, der sich in seinen künstlerischen Vorstellungen und Ambitionen von seiner Familie mißverstanden fühlt, Kontakt zur (noch) erfolgreichen Schriftstellerin Germaine Lemaire sucht und seiner Tante Berthe ihr großzügiges Appartement abluchsen möchte, um es mit seiner Frau Gisèle beziehen zu können.[16] Alain selbst beschreibt einen innerfamiliären Streit um die Ausstattung seiner Wohnung halb-ironisch als „des drames sanglants".[17] *Le Planétarium* ist nach *Portrait d'un inconnu* und *Martereau* der letzte fiktionale Roman[18], bei dem man bezüglich der

---

14) „Roman et réalité", S. 1655. Zu diesen beiden Ebenen könnte man noch eine dritte Ebene, die der Gedanken der Personen hinzufügen. In Sarrautes Sicht gehören aber die Gedanken ebenfalls zur äußeren, bewußten Ebene, während die Tropismen zum Bereich des Vor-Bewußten zählen.

15) Beispiele: Situation bzw. Gegenstandsbetrachtung: die durch eine billige Klinke verschandelte Tür zu Beginn von *Le Planétarium*; Sätze: der (in einer Umformung) titelgebende Satz „Vous ne vous aimez pas" (*Tu ne t'aimes pas*, S. 1149); Aussprache: Aussprache der Endung -isme als -isma im gleichnamigen Theaterstück *Isma*.

16) Henri Baudin und René Bourgeois fassen die (wohl eher tropismale) „Handlung" folgendermaßen zusammen: „L'action? tentacules hasardés, rétractés, révoltes avortées, velléités, projets, vulnérabilité et agressivité en alternance." Henri Baudin, René Bourgeois, „Nathalie Sarraute, Le Planétarium", in: dies. (Hrsg.), *De Proust au nouveau roman*, Paris: Masson, 1971, S. 187–190, hier S. 187.

17) *Le Planétarium*, S. 399.

18) *Enfance* lasse ich in dieser Betrachtung aus, da es als autobiographisches Werk eine Sonderstellung einnimmt.

Außenhandlung noch von einer gewissen sich zuspitzenden *intrigue* (Handlung) sprechen kann, die sich an festgelegten Schauplätzen abspielt und von erkennbaren Figuren mit Namen[19] und definiertem sozialen Umfeld erlebt wird.

Die „Geschichte" zu *Tu ne t'aimes pas* gerät noch dürftiger: Abgesehen von diversen Rückblicken besteht die einzige kohärente äußere Handlung in der Tatsache, daß jemand zum „Erzähler-Wir" gesagt hat, er liebe bzw. möge sich selbst nicht. Auf der Ebene des Tropismus löst dieser Satz eine rege Diskussion der inneren Stimmen aus.

In *Ouvrez* findet sich keine kohärente Gesamt-Außenhandlung. Wie in *Tu ne t'aimes pas* werden nur kurze Momente, eher Gesprächssituationen wie z. B. die Verabschiedung am Telephon, angedeutet. Stattdessen liefern sich in einer fiktiven Welt der Worte Wörter und Sätze untereinander Gefechte. Diese werden nicht direkt erzählt, sondern von den Zuschauer-Wörtern, jenen, die hinter eine Mauer verbannt wurden, da sie als für die jeweilge Gesprächssituation nicht angebracht angesehen wurden, betrachtet und referiert. Das tatsächlich interessierende Geschehen spielt sich also in den Romanen immer auf der Tropismen-Ebene ab. Dort wüten jene Minidramen, die nur in einer Bildersprache wiedergegeben werden können.

Interessant ist jedoch, wie auch die Kohärenzstiftungsfunktion von Roman zu Roman immer mehr der Tropismenebene anvertraut wird. Während in *Le Planétarium* die äußere Handlung dem Roman seinen Rahmen gibt, und jede Szene ihr eigenes Tropismendrama auslöst, geht Sarraute in *Tu ne t'aimes pas* ganz und gar dazu über, nur einen Tropismus zu analysieren, der von allen Seiten betrachtet wird. Hier erzeugt allein der Tropismus eines Augenblicks bzw. seine Analyse den Zusammenhalt des Romans; die Kohärenzstiftung erfolgt nicht mehr mittels einer *intrigue*, sondern thematisch.[20] In *Ouvrez* gibt Sarraute den geschlossenen Rahmen schließlich zugunsten einer offenen Form von kleinen Textstücken auf, die an den Aufbau von *L'Usage de la parole* oder noch mehr an Sarrautes erstes Werk *Tropismes* erinnert.

---

19) Dies trifft auf *Portrait d'un inconnu* und *Martereau* nur teilweise zu: In *Portrait d'un inconnu* trägt von den Protagonisten nur die am Ende auftretende Figur des Verlobten, Louis Dumontet, einen Namen, in *Martereau* nur die titelgebende Figur Martereau. *Le Planétarium* verwendet mehr Eigennamen, da hier gerade durch die Betonung üblicher Charakterelemente die Künstlichkeit der *personnages* im Kontrast zum diffusen Innenleben der Figuren bloßgestellt werden soll. Vgl. Kapitel 3.1.1.3 (Handelnde Person), S. 33f.

20) „Thematisch" müßte in diesem Falle wohl als „tropismenthematisch" spezifiziert werden. Die Romane zwischen *Le Planétarium* und *Tu ne t'aimes pas* (*Les Fruits d'or*, *Entre la vie et la mort* etc.) erhalten ihren Zusammenhalt bereits thematisch, aber durch äußere Themen wie Buchrezeption, Schriftstellertum etc.

3 SUGGESTIVE TECHNIKEN

Sarraute verschiebt den schon zu Anfang hauptsächlich auf den Tropismen liegenden Schwerpunkt von der äußeren Handlung schließlich ganz zum innerlich erlebten Drama. Von narrativen Außenszenen (*Le Planétarium*) geht sie über zu von inneren Stimmen erzählten, aber noch chronologisch einordenbaren Szenen (*Tu ne t'aimes pas*), um in ihrem letzten Roman *Ouvrez* wieder zu Miniszenen ohne chronologischen Faden zurückzukehren.

3.1.1.2 Handlungsorte

In *Le Planétarium* lassen sich als Handlungsorte Tante Berthes Appartement, die Wohnung der Eltern Gisèles, Alains und Gisèles gemeinsame Wohnung, eine Buchhandlung, Germaine Lemaires Wohnung etc. erkennen. Diese Orte werden jedoch nie von einem Erzähler direkt bezeichnet oder gar beschrieben, sondern lassen sich nur durch die Perspektive der einzelnen Figuren anhand von Indizien erschließen: So beginnt z. B. das erste Kapitel mit Berthes Gedanken über eine neue Tür, es ist die Rede von einem „mur beige"[21], später von einer auszutauschenden Doppelglastür[22], bis schließlich das Appartement selbst erwähnt wird[23]. Daß das zufällige Treffen zwischen Alain, seinem Vater Pierre und Germaine Lemaire in einem Buchladen stattfindet, läßt sich zunächst nur anhand des (von Alain imaginierten) Gesprächs erahnen: „Vous nous voyez, mon père et moi, en train de chercher... C'est un livre dont j'ai besoin, très difficile à trouver..."[24] Erst in der Wiederholung der Szene, die tatsächlich stattgefunden hat, folgt der Leser dem Blick Alains zu seinem Vater hinter einem „comptoir" und schließlich auf Germaine Lemaire „derrière la porte vitrée de la librairie".[25] Sarraute verbannt Handlungsorte also noch nicht gänzlich aus ihrem Roman, auch wenn die Orte mehr angedeutet als beschrieben werden. Auch könnte man so weit gehen, zu sagen, daß die Orte wie im traditionellen Roman noch eine gewisse Personencharakterisierungsrolle übernehmen:[26] Berthes Appartement mit seinen Stilisierungen evoziert ihren Willen, ihr Leben anzuhalten, ihre Angst vor dem Tod. Germaine Lemaires

---

21) *Le Planétarium*, S. 341.
22) *Le Planétarium*, S. 343.
23) *Le Planétarium*, S. 344.
24) *Le Planétarium*, S. 424
25) *Le Planétarium*, S. 425. Bei diesen Beispielen wird bereits das Mittel der „intellection différée" erkennbar, von dem weiter unten (S. 57f.) noch die Rede sein wird.
26) Zur Funktion der Handlungsorte siehe auch vergleichend: Helen Watson-Williams, *The Novels of Nathalie Sarraute: Towards an Aesthetic*, Amsterdam: Rodopi, 1981, S. 28ff.

mit Krimskrams überfüllte Wohnung wird von Alain sogleich in Beziehung gesetzt zu ihrem seiner Meinung nach barocken Schreibstil.[27] Durch den Umstand, daß diese Charakterisierung von Alain stammt, der darum bemüht ist, sein geschöntes Bild von der anbetungswürdigen Schriftstellerin gegen alle Angriffe zu schützen, verdeutlicht Sarraute jedoch bereits, daß diese äußeren Charakterisierungsversuche klischeehafte Konstrukte sind.

Da *Tu ne t'aimes pas* den „Handlungsort" ganz ins Innere einer Person verlegt, scheinen äußere Handlungsorte nur noch in den erinnerten Beobachtungen anderer Menschen durch: Der seine eigene Hand verliebt betrachtende Mann sitzt an einem Tisch, wohl unter freiem Himmel, denn die Hand ist sonnenbeschienen[28]; ein Spaziergang auf dem Lande mit einer wichtigen Persönlichkeit[29]; Menschen im Zugabteil[30] etc. Die Örtlichkeiten spielen jedoch keine Rolle mehr, sind nur in Andeutungen erfahrbar.

Ouvrez kennt keine äußeren Handlungsorte mehr. Alles spielt sich in einem imaginären Raum der Wörter ab. Hier gibt es nur ein fiktives Innen der verbannten Wörter und ein Außen, der Austragungsort der Wortgefechte. Dazwischen steht eine Mauer, die unangebrachte von angebrachten Wörtern metaphorisch trennt.

Insgesamt läßt sich also parallel zur Verschiebung von äußerer Handlung zu innerem Drama eine Verlegung des Ereignisortes von der äußeren Lebenswelt immer mehr in die Innerlichkeit der Tropismen konstatieren. Hierin wird erneut Sarrautes Wille erkennbar, den Schwerpunkt auf die tropismalen Regungen zu legen.

3.1.1.3 Handelnde Person (*personnage*)

Neben der herkömmlichen *intrigue* möchte Sarraute auch den *personnage* bzw. seine alles Interesse auf sich ziehende Präsenz aus ihren Romanen verbannen, da „les personnages, tels que le concevait le vieux roman [...] ne parviennent plus à contenir la réalité psychologique actuelle. Au lieu, comme autrefois, de la révéler, ils l'escamotent."[31] Für den modernen Roman, die Erforschung der neuen Realität seien sie nicht mehr verwendbar:

---

27) *Le Planétarium*, S. 398.
28) *Tu ne t'aimes pas*, S. 1157.
29) *Tu ne t'aimes pas*, S. 1195.
30) *Tu ne t'aimes pas*, S. 1196.
31) *L'Ère du soupçon*, S. 1584.
   Zum *personnage* bei Sarraute siehe z. B.: Lucette Finas, *Le Bruit d'Iris. Essais*, Paris: Flammarion, 1978, S. 237ff.; Bernard Pingaud, „Y a-t-il quelqu'un ?", *Esprit* 26 (1958), H. 263–264, 83–85; ders., *L'expérience romanesque. Essais*, Paris: Gallimard, 1983, S. 214ff.

3 SUGGESTIVE TECHNIKEN

> Pour moi le personnage, à l'heure actuelle, dans le roman, c'est un élément de la réalité banale, de la représentation banale de la réalité, une vision simplifiée d'autrui, une vision à travers une forme qu'on nous a habitués à plaquer sur la réalité.[32]

Nichtsdestoweniger bleibt der *personnage* ein unabdingbarer Träger, „l'indispensable support"[33] für die Tropismen. Um trotzdem die Aufmerksamkeit des Lesers von den Romanfiguren abzuziehen, zerstört Sarraute die Charaktere von Roman zu Roman immer weiter, sie entzieht den *personnages* immer mehr erkennbare Eigenschaften und überläßt ihnen immer weniger Raum.[34]

Mit *Le Planétarium* legt Sarraute nach *Portrait d'un inconnu* und *Martereau* die Figur des Ich-Erzählers ab und schafft stattdessen ein „univers fait d'astres factices"[35], ein Universum, das aus scheinbaren Charakteren besteht[36], die aber noch über Eigennamen und soziale Verbindungen un-

---

32) „Roman et réalité", S. 1653.
33) „Roman et réalité", S. 1653. Siehe auch *L'Ère du soupçon*: „[...] des personnages anonymes, à peine visibles, devaient servir de *simple support*." (S. 1554), „[...] les personnages de roman seront de plus en plus [...] de *simples supports*, des porteurs d'état parfois encore inexplorés que nous retrouvons en nous-mêmes." (S. 1571), „[...] le personnage immobile qui lui [à l'auteur, F. d. P.] sert de *support de hasard*" (S. 1581, Herv. von mir, F. d. P.).
34) Scheinbar sieht Sarraute die Wichtigkeit der *personnages* als Tropismenträger selbst mit der Zeit schwinden, denn 1978 spricht sie in einem Interview nur noch von einem „*léger* support auquel ces tropismes puissent s'accrocher". Rambures, S. 149 (Herv. von mir, F. d. P.).
35) Mit diesen Worten erklärt Sarraute die Bedeutung des Titels *Le Planétarium* in einer Diskussion zum Nouveau Roman: „Discussion", in: Jean Ricardou, Françoise van Rossum-Guyon (Hrsg.), *Nouveau Roman: hier, aujourd'hui*, Bd. II: *Pratiques*, Paris: U. G. E., 1972, S. 41–58, hier S. 52.
36) Siehe auch Nathalie Sarraute, „Ce que je cherche à faire", in: *Œuvres complètes*, S. 1694–1706, hier S. 1704: „C'est cette percée difficile à travers un univers factice, où chacun apparaît aux yeux des autres comme un personnage aux traits de caractère et aux conduites bien définis, qui a constitué l'un des thèmes du *Planétarium*."
Sowie V. Minogue: „*Le Planétarium* presents 'characters' with names and occupations, but they are mere appearances, false stars in the false sky of the Planetarium.", Valerie Minogue, „Nathalie Sarraute (1900-1999): A tribute", in: *Romance Studies* 17 (1999), H. 2, iii-vi, hier S. iii.
In *Le Planétarium* selbst findet sich im letzten Kapitel eine Anspielung auf den Titel, als Alain feststellen muß, daß seine ästhetische Konzeption nicht mit der der bis dahin uneingeschränkt verehrten Germaine Lemaire übereinstimmt: „le ciel tourne au-dessus de lui, les astres bougent, il voit se déplacer les planètes, un vertige, une angoisse, un sentiment de panique le prend, tout bascule d'un coup, se renverse..." (S. 518). Alain erhofft, daß sich alles wieder zum alten wenden könnte, daß das Planetarium wieder seine scheinbare Ordnung einnehmen wird: „Tout se remettrait en place. Ils seraient chez eux de nouveau, sous le

tereinander verfügen: das junge Ehepaar Alain und Gisèle Guimier, Alains Tante Berthe, sein Vater Pierre, Gisèles Mutter und ihr Vater Robert, die Schriftstellerin und Gönnerin Alains, Germaine Lemaire, genannt Maine, ihr „Hof", bestehend aus René Montalais, Lucette, Jacques etc. Daneben treten noch andere Figuren in den Erinnerungen oder Dialogen der Personen auf, die teilweise ebenfalls Namen besitzen (z. B. Berthier, Adrien Lebat etc.). Das eigenständige Wesen dieser „astres factices" wird jedoch in Frage gestellt: Zum einen wird ihre Konstrukthaftigkeit durch einen ständigen Perspektivenwechsel, der immer wieder neue Facetten der Selbst- und Fremdwahrnehmung offenbart und zugleich die Ähnlichkeit aller Figuren auf der Tropismenebene zeigt, verdeutlicht; zum anderen wird die Frage nach Sein und Schein, nach dem Bild, das sich jeder vom anderen macht, durch die Figuren bzw. ihre Tropismen selbst thematisiert.[37]

Während in *Les Fruits d'or* z. B. nur noch Stimmen ohne jegliche Bezeichnung zu Worte kommen, löst *Tu ne t'aimes pas* das Konstrukt einer kohärenten Persönlichkeit endgültig auf, indem der Roman seinen Schauplatz in das Innere eines Menschen verlegt, wo es kein „ich" mehr gibt, sondern nur noch eine große Ansammlung von potentiellen Ichs, die sich als „nous" sehen bzw. in internen Gruppenbildungen als „vous" oder eben „tu, moi" bezeichnen, wenn es darum geht, selbst ein Bild von sich nach außen zu geben, einen passenden „Abgesandten" in die Außenwelt zu schicken.[38]

Tu ne t'aimes pas kreist im Ganzen um die Frage, wie die „anderen", „ceux qui s'aiment"[39], es zustande bringen, ein nach außen einheitliches, kompaktes Ich zu konstruieren. Die Einheit des eigenen Ich jedoch wird gleich mit dem ersten Satz des Romans in Frage gestellt, wenn dem an das Ich gerichteten Satz widersprochen wird: „« Vous ne vous aimez pas. » Mais

---

ciel immobile de toujours où scintilleraient comme avant les astres familiers." (S. 519).

37) Zum Beispiel ist Alain verzweifelt darum bemüht, gegen alle Zweifel das Bild von der schönen Germaine Lemaire oder das von der absoluten Ästhetin aufrechtzuhalten (*Le Planétarium*, S. 393f. bzw. S. 511f.). Die Konstrukthaftigkeit von Selbstcharakterisierungen wird durch die Wahl von Gemeinplätzen bloßgestellt: so z. B. Berthe: „Elle est faite ainsi, elle le sait, [...]" (S. 342), „[...] elle doit se méfier d'elle-même, elle se connaît, c'est de l'énervement, [...] elle a souvent de ces hauts et de ces bas, elle passe si facilement d'un extrême à l'autre..." (S. 344).

38) Allen Aussagen des Romans selbst zum Trotz will Raylene Ramsey jedoch nur *ein* Du sehen, das einem Wir gegenübergestellt sei. Raylene Ramsey, „The Unselfloving Woman in Sarraute's *Tu ne t'aimes pas*", *The French Review* 67 (1994), H. 5, 793–802, hier S. 794f.

Jean Roudaut behauptet ebenfalls, daß es nur zwei Stimmen gebe, „dont le dialogue constitue le roman", ohne jedoch seine Aussage zu begründen. Jean Roudaut, „Nathalie Sarraute: *Tu ne t'aimes pas*: Gallimard", *La Nouvelle Revue française* (1990), H. 445 (Februar), 95–98, hier S. 96.

39) Zum Beispiel *Tu ne t'aimes pas*, S. 1152.

comment ça? [...] Qui n'aime pas qui?"[40] In den Überlegungen und Erinnerungen dieses multiplen Ich/Wir treten schemenhaft andere Figuren als Beispielgeber auf, die in ihrem Willen, gegenüber anderen ein geschlossenes und vor allem vorteilhaftes Bild ihrer selbst abzugeben, als Typen bloßgestellt werden.[41] Diese Typen sind geschlechtlich spezifiziert und geben gerne banale Kommentare über ihr eigenes Wesen ab, wie zum Beispiel über das Funktionieren ihrer Verdauung.[42] In *Tu ne t'aimes pas* wird der *personnage* des Erzähler-Wirs also aufgelöst und werden zugleich andere vorgebliche *personnages* als künstliche Gebilde entlarvt.

In *Ouvrez* schließlich gibt es nicht einmal ein „wir" sagendes Personen-Ich mehr.[43] Die Menschen, in deren Innerem bzw. zwischen denen im Gespräch die Worte wüten, sind nur noch indirekt zu orten. Das Gesprächsgegenüber ist nur als ein „là-bas", das Gesprächs-Ich als ein „ici" bezeichnet.[44] Das eigene Ich, in dessen Innerem sich die Wort-Handlung abspielt, tritt nur ein einziges Mal im Bericht des Akteurs namens „Au revoir" über das nächtliche Immer-Wieder-Durchspielen einer verpatzten Verabschiedung am Telephon mit Personalpronomen auf:

> Tu [Anrede an ‚Au revoir', F. d. P.] essaies de *me* rassurer... Tu *me* mens... [...] N'essaie plus de *me* cacher la vérité... J'ai la force de la regarder en face... reviens, et *je* t'en prie, sois sans pitié...[45]

Die Handlung bzw. das Handeln geht vom *personnage* auf die Wörter und Sätze selbst über, die bestimmte Charaktereigenschaften besitzen: auf der einen Seite der Wand die „chiens fous", auf der anderen die braven, disziplinierten Wörter[46], die manchmal geradezu „Heilige" sind.[47] Als Etiketten

---

40) *Tu ne t'aimes pas*, S. 1149.
41) Siehe z. B. die sehr komische Szene mit dem Menschen, der stolz darauf ist, wie Dr. Jekyll und Mr. Hyde immerhin schon ‚zwei Seelen in seiner Brust' zu haben: *Tu ne t'aimes pas*, S. 1154f.
42) *Tu ne t'aimes pas*, S. 1158f.
43) Hélène Cixous begrüßt diese endgültige Abschaffung der *personnages* mit:
> Enfin, personne! Il y avait déjà presque personne de personnel, il y avait encore des gens, des restes, des restes de restes, des impuretés, des porte-parole.
> Enfin seulement la parole, libérée de ses attaches anthropomorphiques. Elle les a tous largués. Elle: la parole. Pseudonyme: Nathalie Sarraute.

Hélène Cixous, „À celle qui me parle", *Littérature* 118 (2000), H. Juni, 7–10, hier S. 8.
44) Zum Beispiel *Ouvrez*, S. 29.
45) *Ouvrez*, S. 30 (Herv. von mir, F. d. P.).
46) *Ouvrez*, S. 13.
47) *Ouvrez*, S. 35.

oder Namen tragen sie ihren eigenen verbalen Inhalt (Wörter, Phrasen): Da finden sich z. B. das erhabene „C'est un secret.", das durch das „un secret de polichinelle" von der Gegenseite zu Fall gebracht wird[48], oder das bei einer Gelegenheit zu voreilige „Au revoir", das für sein Vergehen wie andere Worte hinter die unsichtbare Mauer verbannt wird[49]. Dabei verfügen diese Akteure aber über kein stabiles Wesen: Einzelne Worte werden immer wieder mit anderen zu neuen Wort-Akteuren kombiniert.[50] Diese „animots", wie sie Antoine de Gaudemar betitelt[51], sind keine direkten Tropismenträger mehr, sie überführen vielmehr das Reiz-Reaktions-Schema des Tropismus auf eine fiktive Welt des Krieges unter Wörtern.

Von *Le Planétarium* zu *Ouvrez* wird also der Weg einer Weiterentwicklung von handelnden Personen über innere Stimmen eines mulitplen Ichs hin zu Worten als Akteuren beschritten.[52] Das Interpersonelle, d. h. Handlungen zwischen erkennbaren *personnages* wird dadurch in gleichem Maße verringert. Andere Menschen spielen für das Ich immer mehr nur die Rolle der Stichwortgeber, der Auslöser der Tropismen, während Handlungen auf der Außenebene keine zusammenhängende *intrigue* mehr schaffen können.

Sarraute versucht durch die Abschaffung von *intrigue*, Handlungsorten und *personnages* die Aufmerksamkeit des Lesers von diesen Elementen des traditionellen Romans abzuziehen, damit er sich den tropismalen Regungen, die sie bei ihm zu erzeugen sucht, aussetzen muß. Da es ihr nicht darum geht, eine Geschichte zu erzählen, sondern Gefühlsregungen auf die Spur zu kommen, muß die Handlung von der Ebene einer äußeren *intrigue* auf die psychische überführt werden. Auf dieser Ebene gibt es keinen *personnage* mit Eigenschaften mehr.

---

48) *Ouvrez*, S. 17ff.
49) *Ouvrez*, S. 23ff.
50) In diesem Zusammenhang böte es sich an, zu analysieren, welche Vorstellung von Satz- und pragmatischer Gesprächsbildung Nathalie Sarraute besitzt. Es finden sich in *Ouvrez* sowohl Szenen, die das Paradigmatische der Satzbildung thematisieren (z. B. Kap. II: „Au revoir" soll in Zukunft durch „À bientôt" oder „À très bientôt" ersetzt werden. Kap. XI: Es wird nach einer passenden Beleidigung gesucht.), als auch das Syntagmatische (Kap. XI: Zunächst wird nach passender Wortart, die auf „Vous êtes..." folgen muß, gesucht. Kap. VI: Die fehlende Liaison bei „C'est Antonin" erzeugt Unbehagen.). Eine derartige Untersuchung des hier zum Ausdruck kommenden Sprachverständnisses von Sarraute steht leider noch aus, wie es auch insgesamt noch nicht allzu viele Analysen zu *Ouvrez* gibt.
51) Antoine de Gaudemar, „La vie des animots", *La Libération* vom 02.10.1997.
52) Schon 1978 sagt Sarraute in einem Interview mit Lucette Finas: „Mes véritables personnages, mes seuls personnages, ce sont les mots." Zitiert nach: Valerie Minogue, „Nathalie Sarraute (1900-1999): A tribute", S. v. Es dauerte trotzdem bis zu *Ouvrez*, bis Sarraute diese zunächst eher metaphorische Aussage in die Tat umsetzte und Wörter zu Romanfiguren machte.

3.1.2 Globale Struktur der Erzählung

Wie bereits erwähnt, soll das vorliegende Kapitel weitgehend der Strukturierung von Genettes „Discours du récit" folgen. Hierbei ergibt sich jedoch das Problem, daß Genettes Untersuchung den *récit* (die Erzählung) in Bezug zu einer *histoire* (einer Geschichte) untersucht, die bei all seinen Beispielen in einer kohärenten äußeren Handlung besteht.[53] Da Sarraute aber genau diese *support*-Ebene auflösen möchte und den Schwerpunkt auf die kleinen Dramen der Tropismen-Ebene legt, können sich manche Untersuchungskategorien als weniger aussagekräftig erweisen. Im folgenden müssen also, um Sarrautes Schreiben gerecht zu werden, stets beide Ebenen im Auge behalten werden. Sarraute setzt es sich zum Ziel, die Tropismen quasi unter dem Vergrößerungsglas und in Zeitlupe zu untersuchen[54], weswegen ihre Techniken eben auf dieses Vergrößern und Umschreiben der Tropismen ausgerichtet sind.

3.1.2.1 Zeit der Erzählung (*temps du récit*)

3.1.2.1.1 Ordnung (*ordre*)

Bezüglich der Umsetzung der zeitlichen Ereignisabfolge der *histoire* im *récit* läßt sich folgendes feststellen:

Le Planétarium ist im Hinblick auf die globale Gesamtstruktur chronologisch geordnet. Innerhalb dieses Aufbaus finden sich Analepsen in Form von Erinnerungen. Gleich zu Beginn unterbricht Berthe kurz die gegenwärtige Betrachtung der neuen Tür durch einen Rückblick auf den Tag, an dem sie das Vorbild der Tür in einer Kathedrale entdeckte. Für diesen Rückblick wechselt der *récit* vom Präsens in die Vergangenheitsform, die aber wiederum von Präsensformen durchsetzt ist, wenn es gilt, Berthes

---

53) Dies ergibt sich natürlich schon aus der Tatsache, daß Genettes Untersuchungskorpus Prousts *À la recherche du temps perdu* ist.

54) Vgl. *L'Ère du soupçon*, S. 1554:
Il fallait aussi décomposer ces mouvements et les faire se déployer dans la conscience du lecteur à la manière d'un film au ralenti. Le temps n'était plus celui de la vie réelle, mais celui d'un présent démesurément agrandi.
Valerie Minogue („Nathalie Sarraute (1900–1999): A tribute", S. iii) spricht von „tropismic lens". Siehe auch Mary Orr, „The Space of Satire: Le Planétarium by Nathalie Sarraute", *Forum for Modern Language Studies* 30 (1994), H. 4, 365–373, hier S. 368; Georges Raillard, „Nathalie Sarraute et la violence du texte (à propos du *Planétarium*)", in: Réal Ouellet (Hrsg.), *Les Critiques de notre temps et le Nouveau Roman*, Paris: Garnier, 1972, S. 60–62, hier S. 61.

damalige Gedanken oder auch allgemeine Auffassungen wiederzugeben.[55] Aus der selben Gegenwart heraus erinnert Berthe das soeben geschehene Anliefern der Tür (im *passé composé*), dem sie ihre wiederum vorhergehenden Ängste hinzugesellt (im *imparfait* und *plus-que-parfait*). Echte Prolepsen sind nicht zu finden, da die strikt gegenwärtige Personenperspektive dies unmöglich macht. Futurformen finden sich demgemäß nur bei erhofften, erträumten Zuständen: z. B. „L'ensemble sera ravissant et la porte sera mieux que tout le reste."[56] Zu diesen gedanklichen Zeitsprüngen gesellen sich Wiederholungen der gleichen Szenen aus verschiedenen Perspektiven[57], die die Chronologie der Außenhandlung aber nicht wirklich durchbrechen, da sie als gedankliche Erinnerungen interpretiert werden können. Während *Le Planétarium* auf der äußeren *histoire*-Ebene also chronologisch verfährt, zeichnet sich die Gedanken- und Tropismenebene durch einen steten Wechsel der Zeitebenen aus: Der Leser soll – seiner Orientierung beraubt – ganz der Personenperspektive und den tropismalen Regungen mit ihren chronologischen Verzerrungen ausgeliefert werden.

Tu ne t'aimes pas besitzt laut Francine Dugast-Portes die Struktur eines Plädoyers.[58] Die Anklage, gegen die sich das multiple Ich zu verteidigen hat, ist der Satz „Tu ne t'aimes pas".[59] Die Verteidigung besteht zunächst in der Infragestellung der Einzelbestandteile der Aussage, „tu"[60] und „aimer"[61], die beide als unangebracht zurückgewiesen werden. Die sich anschließende Verteidigung beinhaltet Weiterentwicklungen des Gedankens der multiplen Beschaffenheit des Ich[62], diverse erinnerte Szenen, die jeweils als Exempel figurieren[63], Verunglimpfungen oder Karikaturen

---

55) *Le Planétarium*, S. 342f. Diese Analepse im *imparfait* und *plus-que-parfait* wäre gemäß Genettes Terminologie als extern zu bezeichnen.
56) *Le Planétarium*, S. 343.
57) S. u. Abschnitt 3.1.2.1.3 (Frequenz), S. 43.
58) Francine Dugast-Portes, „*Tu ne t'aimes pas*: construction et enjeux d'un plaidoyer", in: *Roman 20-50* 25 (1998), H. Juni, 89–107.
59) Dies ist die Umformung, die der usprüngliche Satz „Vous ne vous aimez pas" gleich zu Beginn erfährt. *Tu ne t'aimes pas*, S. 1149.
60) Es wird sogleich erklärt, daß es sich in Wirklichkeit beim „Angeklagten" um ein Plural-Ich handelt: „Moi seul? Pas à vous tous qui êtes moi... et nous sommes un si grand nombre...", *Tu ne t'aimes pas*, S. 1149.
61) „Et cette masse, comment peut-elle s'aimer? ni d'ailleurs se détester?", *Tu ne t'aimes pas*, S. 1152.
62) Zum Beispiel „Oui, nous ici, entre nous, ces « moi », ces « je », nous ne les employons pas..." etc., *Tu ne t'aimes pas*, S. 1203.
63) Dem Ich von *Tu ne t'aimes pas* geht es hierbei darum, die Zeichen bzw. Beweise für eine vorhandene Selbstliebe herauszuarbeiten. Es entdeckt als Zeichen z. B.: den selbstverliebten Blick (S. 1165ff.), die Fähigkeit, sich selbst von außen zu betrachten (S. 1163ff.), die Anfertigung eines inneren, schmeichelhaften Selbstbildnisses („statue") (S. 1165ff.), die Fähigkeit, eigene Gefühle benennen

3 Suggestive Techniken

der „Gegner" in diesem Streit (= „ceux qui s'aiment") und schließlich die Abwehr diverser Gemeinplätze zum Thema[64]. Das Schlußfazit bleibt jedoch offen, wenn auch tendenziell gegen die Selbstliebe gerichtet.[65] Dugast-Portes faßt zusammen:

> Ce discours très complexe use en somme de toutes les armes de la persuasion: il conteste les termes de l'adversaire; il suscite saynètes et vignettes, autant d'*exempla* destinés à renforcer la conviction; une dynamique d'ensemble entraîne la réfutation et les attaques.[66]

Bezüglich dieser innerlichen Diskussion über den Satz „Vous ne vous aimez pas" verfolgt der Roman einen gewissen Spannungsaufbau: Es lassen sich drei Höhepunkte ausmachen, an denen das Ich es jeweils für kurze Zeit schafft, sich selbst zu einem einheitlichen, nach außen abgegrenzten und sich selbst liebenden Ich zu konstituieren.[67] Innerhalb des Romans nehmen die Stimmen auch mehrmals eine Art Zusammenfassung des bisher Erfahrenen vor.[68] Sieht man diese innere (Ab-)Handlung als „histoire" an, kann also ein chronologischer Ablauf festgestellt werden.

Was die Außenhandlung betrifft, die eigentlich nur in dem einzigen Satz „Vous ne vous aimez pas" besteht, kann kaum von einer Chronologie die Rede sein, da sich fast der ganze Roman in der Nicht-Zeitlichkeit des Tropismus abspielt. Die Szene, die zu diesem Ausspruch führte, wird

---

  zu können (S. 1174ff., S. 1203ff. und S. 1232ff.), etc.
64) Zum Beispiel wird der Gemeinplatz „amour partagé" hinterfragt (*Tu ne t'aimes pas*, S. 1226ff.).
65) Siehe *Tu ne t'aimes pas*, S. 1290f.:
  — Si nous l'écoutions maintenant, ce « Vous ne vous aimez pas » qui nous avait tant surpris, il y a déjà assez longtemps, nous y entendons surtout un reproche, [...]
  — Comme ce serait bon pour tout le monde [...] si on pouvait, nous aussi, l'éprouver, cet amour de soi... [...]
  — On ne demanderait pas mieux...
  — On ne demanderait pas mieux?
  — Pas mieux? Vraiment?
66) Dugast-Portes, S. 107. Der im Aufsatz folgenden Zuordnung des Romans zur moralistischen Tradition kann ich jedoch nicht zustimmen, da es Sarraute nicht um die Darstellung von Charakteren und Eigenschaften geht.
67) Siehe *Tu ne t'aimes pas*: 1. Höhepunkt S. 1183ff. (Eine Stimme fühlt sich als Ganzes und empfindet Selbstliebe.), 2. Höhepunkt S. 1213f. (Alle Stimmen erleben einen kurzen Moment des einheitlichen Ich-Seins.), 3. Höhepunkt S. 1288ff. (Erinnerung daran, wie das Ich in einem Zornesausbruch wieder ein kompaktes Ich war.)
68) Siehe *Tu ne t'aimes pas*, S. 1182, 1203 und 1250.

ebenfalls nur in einem Rückgriff vom Jetzt-Moment des Sagens aus nachgeholt.[69] Alle weiteren *récits* erweisen sich als Analepsen, als Erinnerungen des multiplen Ich in der Zeitlichkeit des Tropismus, die als Beispiele für die Problemlösung bzw. Erklärung der Empfindung dienen. Die in den Tropismus verschachtelten *récits* sind sehr kurze Szenen, die in sich chronologisch wiedergegeben werden. Die Ordnung der Textsegmente erfolgt größtenteils nicht chronologisch, sondern thematisch. Dennoch läßt sich anhand der Zwischenresumees (siehe S. 40, meine Fußnote 68) und des Schlußfazits des Romans (siehe S. 40, meine Fußnote 65) ein gewisser Rest von zeitlichem Verlauf der Außenhandlung erkennen, da sie nahelegen, daß zwischen der ersten Szene und dem jeweiligen Zeitpunkt des Resumees ein unbestimmter Zeitraum verstrichen sein muß. Letztlich wird also doch eine gewisse zeitliche Korrelation von Außengeschehen und Themenentwicklung im Inneren der multiplen Person angedeutet.

Bei *Ouvrez* entfällt selbst diese thematische Kohärenz. Die einzelnen Szenen oder „Dramen", wie sie Sarraute nennt[70] verfügen über keinen zeitlichen oder thematischen Zusammenhalt mehr. Sie drehen sich nur allgemein um das gleiche Hauptthema – Aktion und Reaktion der Worte von Gesprächspartnern – und spielen am gleichen imaginären Ort der Wörter-Akteure. Die Szenen für sich genommen sind chronologisch aufgebaut: Die zu Beginn jeder Szene erneut hinter eine Wand verbannten Wörter beobachten und referieren das außen ablaufende Gespräch. Wie im Drama ist dabei in jeder Szene ein gewisser Spannungsauf- und wieder -abbau zu beobachten. Jede Szene behandelt thematisch gesehen einen Vorfall im Gespräch, der durch ein Wort, einen Satz personifiziert wird.[71] *Ouvrez* ist also bezüglich der Szenen chronologisch; die Verbindung der Szenen untereinander ist jedoch zeitlich unbestimmt.

Wie die Beispiele gezeigt haben, liegt Sarrautes Interesse nicht auf der Chronologie der Außenhandlung. Der Mangel an Hinweisen auf die zeitlichen Relationen folgt dem Desinteresse an der *intrigue* an sich. Auffällig

---

69) *Tu ne t'aimes pas*, S. 1150f.
70) *Ouvrez*, S. 9.
71) Szene I: Gesprächssituation: Jemand versucht durch Lügen dem Ich ein Geheimnis zu entlocken. Der Akteur „C'est un secret" wird zur Verteidigung ausgesandt und kommt geschlagen zurück. Szene II: Gesprächssituation: Verabschiedung am Telephon. Der Akteur „Au revoir" greift zu früh ein und wird dafür bestraft. Szene III: Gesprächssituation: Small-Talk mit einem Gesprächspartner, der sozial oder kulturell tiefer steht. Die Akteure der Gegenseite „C'est une cata" und „race" reizen das Ich, bis schließlich ein Schimpfwort ausgesandt wird, etc. Unbedingt zu beachten ist jedoch, daß diese von mir rekonstruierten Gesprächssituationen nie derart benannt werden. Die Aktion des Romans liegt ganz auf der Ebene der Wörter.

an *Le Planétarium* sind jedoch die chronologischen Sprünge der Gedanken- und Tropismenebene im Gegensatz zur Chronologie der Außenhandlung.

3.1.2.1.2 Dauer (*durée*)

Bezüglich des Verhältnisses von Dauer eines Ereignisses in der Außenhandlung zur Textlänge des *récit* muß in Sarrautes Werk von einer steigenden Ausweitung der Null-Zeit des Tropismus gesprochen werden.[72]

Schon in *Le Planétarium* ist der *récit* der Außengeschehnisse im Verhältnis zum Gesamttext völlig unproportional. Geschehnisse werden entweder in einer zusammenfassenden Erinnerung berichtet oder es werden Dialoge – sozusagen im Augenblick des Sprechens – szenisch wiedergegeben. Gedanken und Tropismen hingegen entwickeln sich in der Zeitlosigkeit. Die Länge der den Tropismus ausführenden Textteile ist gegenüber der Fast-Null-Zeitdauer ihres Geschehens unendlich groß.

Besonders deutlich wird dies in *Tu ne t'aimes pas*, wo der ganze Text fast nur in der Darlegung einer einzigen tropismalen Bewegung besteht. Innerhalb dieses Tropismus werden wieder rückblickend einzelne Geschehen szenisch vergegenwärtigt, d. h. in diesen Rückblicken entsprechen Geschehnisdauer und Textlänge einander. Wie bereits im vorigen Kapitel erwähnt, wird eine gewisse Korrelation von interner Tropismendauer und Zeit des Außengeschehens angedeutet. Der *récit* des Tropismus nimmt dennoch einen unverhältnismäßig größeren Raum als die Außenhandlung ein.

Ouvrez vermischt Szene und deskriptive Pause miteinander: der Bericht des im Augenblick ablaufenden Gesprächs kann annähernd als szenisch eingestuft werden; die Diskussionen darüber, welche Worte ausgesandt werden sollen, spielen hingegen in der Nullzeit des Tropismus. Darin eingebettet sind wiederum rückblickende Erzählungen einzelner Worte über ihre Erlebnisse im „Gefecht", die im Hinblick auf die rekonstruierbare Außenhandlung (= Gespräch) natürlich die tatsächliche Zeitdauer verlängern, bezüglich der internen Zeit der Wort-Welt jedoch Zusammenfassungen (*sommaires*) sind. Anhand von *Ouvrez* wird klar, daß hier eine Übertragung der Genetteschen *mouvements narratifs* an ihre Grenzen geraten muß. Die Zeit der „realen" Handlung (Gespräche) spielt keine Rolle, da die eigentliche „Handlung" in einer fiktiven Wort-Welt stattfindet. Nur auf der Ebene der Wörter-Akteure könnte man daher deutlich in Szenen (*scènes*) und Zusammenfassungen (*sommaires*) unterteilen.

---

72) Dies entspräche ungefähr Genettes *pause descriptive*.

3.1.2.1.3 Frequenz (*fréquence*)

Das Verhältnis von Wiederholung(en) von Ereignissen in der *histoire* zu wiederholter Darstellung der Ereignisse im *récit* spielt bei Sarraute insofern eine Rolle, als eine der augenfälligsten Techniken ihrer ersten Romane in der Wiederholung ein und derselben Szene aus mehreren Perspektiven besteht.

Nach *Martereau* verwendet Sarraute dieses Mittel auch in *Le Planétarium*: Durch den Wechsel der Perspektiven kommt es zur Wiederholung einzelner Szenen aus verschiedenen Blickpunkten. So werden die beiden Gespräche zwischen Berthe und Pierre jeweils einmal aus Berthes und einmal aus Pierres Perspektive heraus beschrieben[73]; das Treffen zwischen Pierre, Alain und Germaine Lemaire erfährt drei Darstellungen: einmal als imaginierte, von Alain erhoffte Szene sowie die tatsächliche Szene aus Alains Perspektive[74], dann die nochmalige Aufnahme der Szene in Germaine Lemaires Gedanken[75]. Durch diese Doppelung kann Sarraute das Tropismen-Wechselspiel von allen beteiligten Seiten heraus analysieren.

Da Sarraute mit *Tu ne t'aimes pas* durch die Einkehr ins Innere eines Ichs und eines Tropismus' solche Perspektivenwechsel aufgibt, spielen in *Tu ne t'aimes pas* und *Ouvrez* Wiederholungen keine wirkliche Rolle mehr. Dort herrscht sowohl bezüglich Außenhandlung als auch Tropismenhandlung der *récit singulatif* vor.

3.1.2.2 Modus (*mode*)

Nach Genette wird die Informationsmenge der *histoire* im *récit* durch verschiedene Grade der Zusammenfassung (*distance*) und durch Einschränkung der Perspektive (*focalisation*) reguliert.

3.1.2.2.1 Distanz (*distance*)

Genette unterscheidet bei der Untersuchung des Grades der Informationszusammenfassung im *récit* zwischen *récit d'événements* und *récit de paroles*.

---

73) *Le Planétarium*: Erstes Gespräch: aus Pierres Sicht S. 437–442, aus Berthes Sicht S. 464ff. Zweites Gespräch: aus Berthes Sicht S. 481–493, aus Pierres Sicht S. 493–503.
74) Imaginierte Szene: *Le Planétarium*, S. 424f. Erlebte Szene aus Alains Sicht: S. 425–435.
75) *Le Planétarium*, S. 455. Vgl. hierzu: André Allemand, *L'œuvre romanesque de Nathalie Sarraute*, Neuchâtel: La Baconnière, 1980, S. 14f.

3 SUGGESTIVE TECHNIKEN

A, beim *récit d'événements*
Bei der Betrachtung des *récit d'événements* in den Werken Sarrautes ergibt sich erneut das Problem, zwischen „echten" Ereignissen der *support*-Ebene und den „fiktionalen" Geschehnissen der Tropismenebene zu unterscheiden.

Die Außenhandlungen in *Le Planétarium* werden aus der Personenperspektive heraus sozusagen zeitgleich und somit relativ ausführlich wiedergegeben. Im ersten Kapitel folgt z. B. der Leser-Blick dem Berthes:

> On sonne... c'est la porte de la cuisine [...] elle prend un ton infantile, pleurnicheur... [...] Ils déboutonnent sans se presser leurs vestes de cuir, ils frottent leurs mains engourdies par le froid, ils ont cet air imperturbable, ces gestes lents, ce calme professionnel [...][76]

Diese Beschreibung der Geschehnisse ist mit den Gedanken und Tropismen Berthes verwoben. Da die Perspektive Berthes die Außengeschehnisse gemäß der ihnen aus ihrer Sicht heraus zugestandenen Wichtigkeit filtert, ist dieser *récit d'événements* nicht wirklich zusammenhängend, sondern fragmentarisch. Die Außengeschichte setzt sich stattdessen eher aus Dialogausschnitten zusammen.

In *Tu ne t'aimes pas* finden sich *récits d'événements* wenn überhaupt nur noch innerhalb des fortlaufenden Dialogs, der den Gesamttext bildet. Im engeren Sinne gibt es also keinen extradiegetischen *récit d'événements* mehr, sondern nur noch Erzählungen der intradiegetischen Sprecher.[77]

Ouvrez ist gleichfalls rein dialogisch. Reste von Ereignisberichten finden sich nur noch auf der intradiegetischen Ebene, wo Wörter Berichte über ihre Erlebnisse im Wortgefecht geben.

Insgesamt ist also eine Verschiebung vom *récit d'événements* ganz hin zum *récit de paroles* zu beobachten.

B, beim *récit de paroles*
Im *Nouveau Discours du Récit* hebt Genette nochmals hervor, daß es keinen formalen Unterschied zwischen der Wiedergabe von gesprochenen und von gedachten Worten gibt:

> [...] le récit de pensées [...] se ramène toujours et sans reste, soit [...] à un récit de paroles, soit, comme j'aurais dû faire pour les cas où il ne pose pas *par son procédé même* ces pensées comme verbales, à un *récit d'événements*. [...] le récit ne connaît que des

---
76) *Le Planétarium*, S. 345.
77) Ein besonders ausführlicher Bericht des Geschehenen findet sich zum Beispiel im zwanzigsten Kapitel. (*Tu ne t'aimes pas*, S. 1261ff.)

événements ou des discours (qui sont une espèce particulière d'événements [...]).⁷⁸

Genette unterscheidet beim *récit de paroles* drei Grade der Distanzierung von den (fiktiv) ursprünglich gesprochenen Worten: *discours narrativisé/raconté*, *discours transposé au style indirecte* und *discours rapporté*.⁷⁹ Der *style indirect libre* gehört hierbei zum *discours transposé*; der *monologue intérieur*, den Genette vorschlägt, besser *discours immédiat* zu nennen, zum *discours rapporté*.

Sarrautes besonderer Gebrauch dieser von Genette *formal* unterschiedenen Diskurstypen jedoch erfordert für das *inhaltliche* Verständnis eine Lektüre, welche zwischen gesprochenem, gedachten und – als dritte, für Sarraute charakteristische Variante – tropismalen Diskurs zu unterscheiden weiß. Es soll in der vorliegenden Arbeit also doch wieder auf die Unterscheidung gesprochen/gedacht/tropismal eingegangen werden – trotz, oder vielmehr *wegen* der formalen Gleichheit, d. h. inhaltlichen Verwechselbarkeit ein und desselben Diskurstypes.⁸⁰

Anthony S. Newman schlägt deshalb eine detailliertere Differenzierung der Diskurse bei Sarraute vor.⁸¹ Newman geht von einer Definition des Romans als „*un discours* (acte d'énonciation langagière) *qui en contient d'autres*" aus.⁸² Umgekehrt zu Genette würde Newman eher sagen, daß der *récit d'événements* ein Spezialfall des *récit de paroles* ist. Das Diskursgeflecht des Romans unterteilt er zum einen in den *discours scriptural*, d. h. in Genettes Terminologie extradiegetischen Diskurs, und den *discours oral*, d. h. intradiegetisches Sprechen.⁸³ Zum anderen unterteilt Newman den Diskurs allgemein in durch die Zeichensetzung als gesprochen gekennzeichnete (*le ponctué*) und nicht gekennzeichnete Diskurse (*le non ponctué*).⁸⁴ Diese auf den ersten Blick vom Standpunkt der inhaltlichen oder gramma-

---

78) Genette, *Nouveau Discours du Récit*, Paris: Seuil, 1983, S. 42.
79) Genette, „Discours du Récit", S. 189ff.
80) Um Sarrautes besonderer Diskurstechnik gerecht zu werden, verlasse ich im folgenden also bewußt die rein strukturale Analyse zugunsten einer kombinierten Untersuchung struktureller und inhaltlicher Elemente.
81) Anthony S. Newman, *Une Poésie des Discours. Essai sur les romans de Nathalie Sarraute*, Genf: Droz, 1976.
82) Newman, *Une Poésie des Discours*, S. 11.
83) Newman, *Une Poésie des Discours*, S. 21. An anderer Stelle spricht er von *registre narratif* und *registre discursif* (S. 110).
  Genette schlägt ähnlich eine Unterteilung in *diégésis* (= Text des Erzählers) und *rhésis* (= Text der Romanfiguren) vor und betont, daß diese Unterscheidung aber nicht deckungsgleich mit der von *récit d'événements* und *récit de paroles* sei. *Nouveau Discours du Récit*, S. 29.
84) S. Newman, *Une Poésie des Discours*, S. 86ff.

tikalischen Untersuchung her nicht logisch oder stichhaltig erscheinende[85], rein typographisch-formale Unterteilung ergibt sich aus Newmans Herangehensweise: Er betrachtet den Diskurs aus der Perspektive des Lesers, der den Diskurs als eben solchen erkennen und den jeweiligen Sprechern zuordnen muß. So ist der durch Anführungszeichen und zumeist im Kontext durch redeeinleitende Wendungen gekennzeichnete Diskurs (*le ponctué*) auf Anhieb als gesprochener Diskurs zu erkennen. Der weitaus größere Teil der nicht typographisch gekennzeichneten Diskurse ist nicht durch äußere Textmerkmale als Sprechakt erkennbar. Der Leser muß diese Diskurse einerseits anhand bestimmter Indizien einem Sprecher zuordnen, dabei unterscheiden, ob dieser Sprecher extra-, intra- oder metadiegetisch ist, und entscheiden, auf welchem Bewußtseinsgrad der Diskurs stattfindet, d. h. tropismal, in Gedanken oder tatsächlich geäußerter Rede.

a, *Le ponctué*
Unter den typographischen Mitteln zur Kennzeichnung des oralen Diskurses finden sich bei Sarraute vor allem Anführungszeichen und Gedankenstriche.

In *Le Planétarium* werden Gesprächssätze, sofern sie von anderen Textteilen (Gedanken, Tropismen) umgeben sind, mit Anführungszeichen gekennzeichnet. Folgen die Sätze verschiedener Gesprächsteilnehmer direkt aufeinander, werden sie durch Gedankenstriche voneinander unterschieden, wie z. B. in folgendem Gespräch zwischen Bekannten der Familie Guimier:

> — Un lapsus! hi, hi, vous avez fait un lapsus.
> — Quel lapsus, chère madame?
> — Eh bien vous avez dit "elle" en parlant d'Alain... [86]

Die von den Stimmen von *Tu ne t'aimes pas* wiedergegebenen Sätze der Außenwelt sowie einige „Sozusagen"-Ausdrücke[87] werden durch Anführungszeichen gekennzeichnet. Die unter den verschiedenen „Ichs" gewechselten Worte werden durch Gedankenstrich eingeleitet.[88] Hier mag der Romananfang als Beispiel für den ganzen Roman sprechen:

---

85) Es ergibt sich hierdurch ein gewisses Ungleichgewicht: Während auf der Seite der durch Interpunktion gekennzeichneten Rede eigentlich nur die eingeleitete Rede des *discours rapporté* steht, finden sich unter den nicht typographisch gekennzeichneten Diskursarten ebenso die *discours rapporté*-Variante des *monologue intérieur* wie auch die Formen des *discours transposé*.
86) *Le Planétarium*, S. 476.
87) Damit seien jene Ausdrücke bezeichnet, die der Sprecher mittels der Anführungszeichen als nicht ganz passend oder üblicherweise von anderen gebraucht kennzeichnen möchte. Siehe unten, Fußnote 90.
88) Da der Roman ein einziges großes Gespräch ist, ist das typographische Gesamtbild tatsächlich von Gedankenstrichen geprägt.

3.1 TECHNIKEN

— « Vous ne vous aimez pas. » Mais comment ça ? Comment
est-ce possible ? Vous ne vous aimez pas ? Qui n'aime pas qui ?
— Toi, bien sûr... c'était un vous de politesse, un vous qui ne
s'adressait qu'à toi.
— À moi ? Moi seul ? Pas à vous tous qui êtes moi... [...][89]

Ähnlich wie in *Tu ne t'aimes pas*, setzt Sarraute in *Ouvrez* als typographische Kennzeichnung der unterschiedlichen Arten der direkten Rede Gedankenstriche und Anführungszeichen ein. Die Gedankenstriche führen die Äußerungen der Wörter-Akteure untereinander ein, die sich über das Geschehen „da draußen" unterhalten. Anführungszeichen dienen zur Kennzeichnung wiedergegebener tatsächlich stattgefundener Gesprächsteile beziehungsweise der eventuell zu verwendenden Worte (das entspricht sozusagen dem „Namen" dieser Worte) sowie der zitierten, unter den eingeschlossenen Wörtern gewechselten Sätze und zur Hervorhebung einzelner Wörter als „Sozusagen"-Ausdrücke durch die Wort-Akteure selbst.[90] Die gleiche typographische Darstellung von „tatsächlich" im Außengespräch geäußerten Worten, von Wortnamen und den fiktiven, innerhalb der Wörter ausgetauschten Sätzen führt zu einer gewissen Ambiguität, die nur durch genaues Lesen des Kontextes ausgeräumt werden kann.[91]

---

89) *Tu ne t'aimes pas*, S. 1149.
90) Beispiele: „Au revoir" (*Ouvrez*, S. 24ff.) ist gleichzeitig der tatsächlich geäußerte Satz als auch der „Name" der Romanfigur „Au revoir". „Les contrevérités nous attaquent, [...]" (S. 16) ist hingegen ein von einem „Überläufer-Wort" geäußerter Satz, der von den eingeschlossenen Wörtern ihren Mitgefangenen gegenüber wiederholt wird. In „[...] un mot dont on dit qu'il est « courant »..." (S. 88) dienen die Anführungszeichen dazu, ein Wort zu kennzeichnen, mit dem man den Umstand „sozusagen", annähernd, bezeichnen könnte, d. h. wo „in Anführungszeichen gesprochen" wird.
91) Die deutsche Übersetzung von Erika Tophoven (Nathalie Sarraute, *Aufmachen*, Köln: Kiepenheuer & Witsch, 2000) versucht diese Zweideutigkeit durch unterschiedliche Typographien aufzuheben: Die Wort-Namen und Zitate der Außenwelt werden durch Kursivdruck von den unter den Wörtern gewechselten Sätzen in Anführungszeichen abgesetzt (s. z. B. *Aufmachen*, S. 14 und 22). Hierbei kommt es meiner Ansicht nach jedoch zu Übersetzungsfehlern: Tophoven interpretiert an zwei Stellen die tatsächlich an ein äußeres Gegenüber gerichteten Sätze (Der ganze Satz ist hier jeweils zugleich der Name dieser Sätze) als unter Wörter-Akteuren ausgetauschte Sätze. „Vous avez tort de vous avancer sur ce sujet" (*Ouvrez*, S. 18) übersetzt sie als „Ihr solltet dieses Thema lieber nicht berühren..." (*Aufmachen*, S. 16) und „Voulez-vous qu'on vous le dise ? [...]" (*Ouvrez*, S. 90) als „Sollen wir es euch sagen?" (*Aufmachen*, S. 99). Tophoven mißinterpretiert das an eine reale Person gerichtete „vous" (= Anrede-Sie) also als einen an andere Wörter gerichteten Satz („vous" = ihr). Um eine archaisierende dt. Ihr-Anrede kann es sich wegen der Kleinschreibung von „euch" im 2. Beispiel nicht handeln. Auch ein an mehrere reale Personen gerichtetes „ihr" in der 2.

3 SUGGESTIVE TECHNIKEN

Newman, der zum Zeitpunkt des Verfassens seiner Arbeit nur die Romane bis *Vous les entendez ?* kennt, konstatiert im Verlauf von Sarrautes Werk eine stetige Abnahme der dialogkennzeichnenden Interpunktion.[92] In einer jetzt möglichen Gesamtschau aller Werke kann diese Entwicklung nur bis zum Roman «*disent les imbéciles*» und dann wieder für *Ici* gelten. *Enfance, Tu ne t'aimes pas* und *Ouvrez* sind rein dialogisch und durch Gedankenstriche strukturiert. Natürlich ist dabei zu beachten, daß diese Dialoge, die die drei Romane bilden, auf einer rein fiktionalen Ebene angesiedelt sind: *Enfance* ist der fiktive Dialog zwischen den zwei Ichs Nathalie Sarrautes, *Tu ne t'aimes pas* der fiktive innere, tropismale Dialog der verschiedenen Ich-Stimmen, *Ouvrez* eine Ansammlung fiktiver Dialoge unter Worten.[93]

Neben der Zeichensetzung spielen beim *ponctué* die redeeinleitenden Wendungen eine wichtige Rolle zur Kennzeichnung des Gesagten als mündliche Rede. Sarraute ersetzt die ihr suspekten[94] redeeinleitenden Wendungen des traditionellen Romans (wie „dit-il", „dit-elle" oder auch die verschleiertere Form „il sourit: «...»") durch eigene codierte Formen. Newman macht folgende vier Formen der Redeeinleitung bei Sarraute aus:[95]

- *Dire*

Der Kontext enthält einen expliziten Ausdruck der deklarativen Funktion, wie z. B. „disait X", „sa voix monte" etc.

Sarraute legt auch hier darauf Wert, konventionelle Ausdrücke durch ungebräuchlichere zu ersetzen: Sie verwendet die substantivierten Formen[96], verändert die Syntax, indem sie die Redeeinleitung nachstellt oder den Satzfluß unterbricht, verwendet eine bildhafte Lexik (bougonner, roucouler) oder Verben, die nicht in erster Linie den

---

P. Pl. ist auszuschließen, da Tophoven an anderer Stelle „vous" korrekt mit dem Anrede-Sie übersetzt (*Aufmachen*, S. 109; *Ouvrez*, S. 101). Dies als Beispiel für die Mehrdeutigkeit der Anführungszeichen.

92) Newman, *Une Poésie des Discours*, S. 22.
93) Die Sprecher verfügen über unterschiedliche Grade an Fiktionalität: Die beiden Stimmen in *Enfance* repräsentieren sozusagen ein Selbstgespräch. Die Stimmen in *Tu ne t'aimes pas* entsprechen der tatsächlichen Vorstellung Sarrautes von der Zusammensetzung der menschlichen Persönlichkeit: das Gespräch ist rein fiktional, die Existenz eines multiplen Ichs jedoch Sarrautes These. Im Gegensatz hierzu sind die dialogisierenden Wörter-Akteure in *Ouvrez* jedoch rein fiktionale, allegorische Konstrukte.
94) S. z. B. *L'Ère du soupçon*, S. 1598ff.
95) Newman, *Une Poésie des Discours*, S. 25ff.
96) Zum Beispiel Tonfall anstatt Sagen: „elle prend un ton infantile, pleurnicheur..." (*Le Planétarium*, s. 345.); „Frottements, crépitements joyeux: «Oh moi, que je remue ou non, c'est pareil [...]»" (*Le Planétarium*, S. 392).

Sprechakt bezeichnen (narguer, rabrouer etc.[97]), gebraucht selten das Verb „penser", da sie kaum die tatsächlichen Gedanken der Personen referiert und bedeutet schließlich den Sprechakt des Senders durch Bezeichnung des Hörvorgangs auf der Empfängerseite (écouter, absorber des mots etc.[98])[99]

- *Image = Dire*

Ein bildhafter, das Empfinden des Sprechers bzw. Gesprächspartners repräsentierender Ausdruck, den Sarraute in ihren Werken nach und nach als einen Ausdruck fürs Sprechen etabliert, d. h. kodiert, tritt an die Stelle der Redeeinleitung, z. B.: „La poche énorme, qui appuyait si fort, qui l'empêchait de bouger est crevée, elle l'a transpercée d'un de ces coups rapides et bien assenés comme ils savent en donner [...]"[100] „Coups" hat in Sarrautes Werk die Bedeutung von Worten übernommen, hier die Worte, mit denen Gisèles Mutter ihren Mann zurechtweist, der sich dagegen ausgesprochen hat, daß Alain die Anekdote seiner Tante erzählt.[101]

Newman beobachtet diesbezüglich in Sarrautes Werk eine Entwicklung hin zur immer häufigeren Verwendung dieser Bilder statt der expliziten Bezeichnung des Sprechaktes sowie zur Plazierung der sprecheinleitenden Wendungen an das Ende der Sätze, um den Fokus direkter auf den Standpunkt der jeweils wahrnehmenden Person zu lenken.[102]

- *Indications scéniques*

Narrative Beschreibungen, die die körperliche oder affektiv wahrgenommene Anwesenheit einer Person betreffen, übernehmen die redeeinleitende Funktion, z. B.: „Il se penche vers elle et plonge son

---

97) „Ces façons grossières qu'il a de vous rabrouer [...]" (*Le Planétarium*, S. 353).
98) Zum Beispiel *Tu ne t'aimes pas*, S. 1231: „— Et vous avez reçu ce qu'il fallait attendre: « Oh... une simple impression [...] »"
99) Newman, *Une Poésie des Discours*, S. 26f.
100) *Le Planétarium*, S. 353. Weiteres Beispiel: „C'est toujours la même chose, elle essuie les coups en souriant. Tout glisse sur elle [...]" (S. 363). Wiederum steht „coups" für die Worte der anderen.
101) Newman nennt als weitere „motivierte" (d. h. in Sarrautes Sprache speziell kodierte) Ausdrücke in abnehmender empirischer Häufigkeit: „avancer/approcher; (toutes) ses forces; se débattre/se tordre; offrir/abandonner/livrer; saisir; s'élancer/sauter/bondir; lancer"; Newman, *Une Poésie des Discours*, S. 32. Er stellt hier auch eine begrenzte Zahl von Bildbereichen fest: Kampf, weniger aggressive soziale Verhaltensweisen der Unterwerfung oder Annäherung und körperliche Richtungs-Bewegungen. (S. 37f.)
102) Newman, *Une Poésie des Discours*, S. 33.

regard au fond des grands yeux d'un gris verdâtre... «Quelle joie, si vous saviez [...]»"¹⁰³, wo die Gestik die Redeeinleitung ersetzt. Diese Ausdrücke können Gesten oder Körperbewegungen sein, aber auch Mimik.

- *Contexte oral*

  Im Kontext¹⁰⁴ des Gesprochenen (z. B. in den Gedanken der Person) tauchen Sätze des mit jemand anderen geführten Gesprächs auf, die zum eigentlichen, d. h. „laut" geführten Gespräch wieder zurückführen: z. B. „... comment les remercier de tant de générosité? «Mais il n'y a aucune générosité de notre part ...»"¹⁰⁵.

Während *Le Planétarium* wegen des stetigen Wechsels zwischen Außenhandlung, Gedanken- und Tropismenebene einen sehr großen Wert auf die Umformung oder Vermeidung redeeinleitenden Wendungen legt, ist dies bei den Romanen in Dialogform *Tu ne t'aimes pas* und *Ouvrez* weniger der Fall. In *Tu ne t'aimes pas* finden sich sogar wieder vermehrt explizite Ausdrücke des Sprechens bzw. eine gekoppelte Verwendung der direkten Bezeichnung mit zum Beispiel szenischer Anweisung: „[...] il a posé sa main sur ton épaule, sur notre épaule... et il a prononcé d'un ton apitoyé, un peu attristé... «Vous ne vous aimez pas»..."¹⁰⁶ *Ouvrez* spielt eine besondere Rolle in dieser Hinsicht: Da die Worte selbst Akteure sind, und ihr verbaler Inhalt zugleich ihr Name ist, wird in *Ouvrez* auf redeeinleitende Wendungen für von den Wörter-Akteuren referierte Sätze größtenteils verzichtet.

b, *Le non ponctué*
Die nicht durch Zeichensetzung gekennzeichneten Diskurse unterteilt Newman gemäß der narrativen Ebenen bzw. Sprecher: Zum einen zählt er hierzu den skripturalen Bereich des extradiegetischen Erzählers. Dies sind Textteile, die keinem intradiegetischen Sprecher als gesprochene Sätze oder Gedanken zugeordnet werden können, also direkt den Kommunikationsakt zwischen extradiegetischem Erzähler und implizitem Leser betreffen.¹⁰⁷ In

---

103) *Le Planétarium*, S. 397. Wie auch in diesem Beispiel tritt häufig der Blick an die Stelle des Sagens. Newman stellt fest, daß oft „regarder" für Sprechen und „ne pas regarder" für Schweigen stehen (Newman, *Une Poésie des Discours*, S. 35).
104) Mit Kontext sind bei Newman die narrativen Textteile gemeint, die die direkte Rede umschließen.
105) Das Beispiel stammt aus Newman, *Une Poésie des Discours*, S. 25.
106) *Tu ne t'aimes pas*, S. 1151.
107) Newman, *Une Poésie des Discours*, S. 21.
  Gemäß Genettes Einteilung müßte dieser Bereich wohl eher dem *récit d'événements* zugeordnet werden. Da es sich aber nicht um wirkliche *événements*

Portrait d'un inconnu und *Martereau* ist dieser extradiegetische Erzähler noch ein Ich-Erzähler. Ab *Le Planétarium* wird der Erzähler immer mehr zurückgenommen.[108]

Neben den narrativen Passagen, die in der Beschreibung von Gegenständen der Außenwelt oder der Schilderung äußerer Geschehnisse bestehen, finden sich in Sarrautes Werken vor allem bildhafte, metaphorische Beschreibungen der Tropismen, die nicht den Worten oder bewußten Gedanken der Personen zugeordnet werden können. Diese imaginativen Szenen unterscheiden sich formal nicht von den narrativen Passagen der Außenwelthandlungen. Sie können als innere Welten nur durch den Grad ihrer (Un-)Wahrscheinlichkeit, durch ihre inhaltliche Unvereinbarkeit mit den sie umgebenden Textpassagen erkannt werden. Newman stellt fest, daß sich bei Sarraute die Beschreibungen der Innenwelt des Tropismus zumeist durch ihre ausführliche, romanhafte und phantasievolle Bildhaftigkeit von der äußeren Realität mit ihrer gewollten Banalität abheben.[109] Ein typisches Beispiel für den abrupten Übergang von der platten Beschreibung der Außenwelt zur bildhaften Erzählung des Tropismus bildet folgender Abschnitt aus *Le Planétarium*:

« Eh bien quoi ? Qu'est-ce que vous avez à vous exciter ? C'est une maniaque, voilà tout... » Une maniaque. Voilà tout... La forêt luxuriante où il les conduisait, la forêt vierge où ils avançaient, étonnés, vers il ne sait quelles étranges contrées, quelles faunes inconnues, quels rites secrets, va se changer en un instant en une route sillonnée d'autos, bordée de postes d'essence, de poteaux indicateurs et de panneaux-réclame... Ne l'écoutez pas, avançons... Faites-moi confiance, suivez-moi... mon panache blanc... n'hésitez pas, vous serez récompensés, en avant... Il a un air sérieux tout à coup, il ne rit plus, le moment est grave... « Ça paraît stupide, tout ça, c'est vrai... [...] »[110]

Die Worte von Gisèles Vater zu Beginn des Abschnittes lösen hier ein bildhaftes, tropismales Echo in Alain aus, das durch den übertrieben ausführlichen Vergleich als Tropismus erkennbar wird. Mit „Il a un air sérieux tout à coup [...]" kehrt der *récit* wieder zur Außenhandlung zurück.[111]

---

handelt, sondern in der Hauptsache um die Wiedergabe der Gefühlsregungen der Romanfiguren durch den Erzähler (somit auch eine Transponierung), werde ich im folgenden diese Textpassagen unter *récit de paroles* mitbehandeln.
108) Zum Erzähler siehe auch folgendes Kapitel 3.1.2.3 (Stimme).
109) Newman, *Une Poésie des Discours*, S. 102ff.
110) *Le Planétarium*, S. 356.
111) Der Satzteil „le moment est grave" bleibt mehrdeutig: Ist dies die Beurteilung

Eine Interpretation, die behaupten wollte, hier handele es sich um die Gedanken des als Schriftsteller imaginativ begabten Alain, wird einerseits durch die zahlreichen ähnlichen Übergänge von Gedanken bzw. Außenwelt zu tropismalen Bildern bei anderen Personen widerlegt, andererseits durch die äußere Logik, da hier zwischen den Worten von Gisèles Vater und der Antwort Alains nur ein minimaler Zeitraum verstreicht, innerhalb dessen sich Alain nicht die ganze Szenerie ausmalen könnte. Der bildhafte *récit* der „intériorité instinctive" muß hier also als „le grossissement de ce qui se passe dans l'instant entre paroles et réponse"[112] interpretiert werden.

Neben den wenigen Textpassagen, die der Perspektive eines extradiegetischen Erzählers zugeordnet werden können, und den soeben beschriebenen narrativen imaginativen Tropismenszenerien findet sich in Sarrautes Werk vor allem der durch die Personenperspektive geleitete indirekte Diskurs. Newman nennt diesen *paroles intérieures indirectes*, da er zum einen die Merkmale (Transpositionen) der indirekten Rede aufweist, aber nicht Wiedergabe von gesprochenen Worten, sondern von Gedanken oder tropismalen Regungen ist. Der Übergang von der Darstellung einer eventuellen Gedankenebene zur Wiedergabe tropismaler Gefühlsregungen ist fließend. Daher haben diese Gedankenbewegungen nicht nur formal nichts mit dem *monologue intérieur* gemein, sondern auch inhaltlich, da sie nicht den Gedankenstrom wiedergeben, sondern vielmehr die Gefühlsregungen in Worte fassen. Der Diskurs ist also indirekt, weil er nicht *direkt* die Gedanken wiedergibt, sondern Empfindungen und Gedanken durch die Stimme des Erzählers *indirekt* passieren läßt:

> Sans être la formulation consciente en paroles du personnage, c'est bien un discours *pour* le personnage, expression de *sa réaction*. [...] un tropisme si fugitif n'a pas de voix, n'est pas pensé par le personnage. [...]
> À ce niveau infra-conscient («aux limites de notre conscience»), le personnage n'a pas de voix. C'est ainsi que l'auteur doit lui prêter la sienne, la source fictive restant dans le personnage. C'est toute la périlleuse entreprise des romans de Sarraute que ce prêt de sa voix à ce qui n'en a pas chez le personnage, que le discours *pour* les tropismes.[113]

---

des Erzählers oder Alains? Oder beschreibt der Satzteil den Gesichtsausdruck Alains?

112) Newman, *Une Poésie des Discours*, S. 105.
113) Newman, *Une Poésie des Discours*, S. 95f. Meiner Ansicht nach verwechselt Newman hier – wie auch in seiner gesamten Arbeit – jedoch „Autor" und „Erzähler". Tatsächlich bezeichnet er mit „narrateur" immer nur den Ich-Erzähler

3.1 TECHNIKEN

Newman schlägt als Bezeichnung für die Worte der tropismalen Innerlichkeit den Begriff *style libre relâché* vor, da dieser Diskurs zwar die Merkmale des klassischen *style indirect libre* aufweist, aber im Gegensatz zu diesem nicht die transponierte Wiedergabe der tatsächlichen Worte und Gedanken der Personen ist, sondern ganz der Darstellung tropismaler Regungen dient.[114]

In den nicht durch Zeichensetzung gekennzeichneten Textpassagen finden sich auch innere Diskurse im direkten Stil, die Newman *paroles intérieures directes* nennt. Sie wiederholen in seltenen Fällen zuvor gesagte Worte und dienen hauptsächlich der Darstellung der Wahrnehmung der Personen. Sie zeichnen sich durch den Gebrauch lokutiver Pronomen (je, vous etc.), Fragesätze, Imperative, Ausrufe, Dialogwörter, umgangssprachliche Ausdrücke, Ellipsen usw. aus.[115] Sie ähneln somit formal dem *monologue intérieur* und legen die Fokalisierung mit fest.

Grundsätzlich stellt Newman ein Überwiegen der oralen Register gegenüber dem skripturalen fest, was zu „[e]ffacement, occultation, dissolution de la voix de l'auteur" führe.[116] Übergänge zwischen den einzelnen Registern sind häufig, wobei Newman konstatiert, daß oft eine narrative Beschreibung zur direkten inneren Rede übergeht, um schließlich in den direkten, durch Interpunktion gekennzeichneten Diskurs zu münden.[117] Häufig bereitet der innere Diskurs die laut ausgesprochenen Worte vor, bzw. umgekehrt gesagt: „les paroles dites à haute voix paraphrasent celles du D. I. [= discours intérieur, F. d. P.] mais en atténuant leur violence."[118]

Nathalie Sarraute selbst faßt ihre spezielle Verwendung von narrativem Diskurs, *paroles intérieures indirectes* und *directes* zur Wiedergabe der tropismalen Regungen unter dem Begriff der *sous-conversation* zusam-

---

    und mit „auteur" die Stimme, die ich stets als Erzähler bezeichnen würde. Vgl. unten Kapitel 3.1.2.3 (*Voix*), S. 64f.

114) Zur herausragenden Rolle des *style libre relâché* siehe Newman, *Une Poésie des Discours*, S. 106:

    [...] ce registre mixte, si typique du *Planétarium*, où une certaine information narrative s'offre au lecteur dans un discours que le personnage n'articule pas, mais d'où l'auteur est effacé, «mode» privilégié de l'écriture, pivot central par rapport auquel s'orientent les autres styles et l'univers fictif: lieu d'articulation entre les expériences du dehors (le connu, tangible) et celles du dedans (l'à peine perceptible tropisme).

115) Newman, *Une Poésie des Discours*, S. 90. Im obigen Beispiel (S. 51) dient die direkte Rede („Ne l'écoutez pas [...]") der Dramatisierung des aufgerufenen Bildes für Alains innere Regungen.
116) Newman, *Une Poésie des Discours*, S. 105.
117) Newman, *Une Poésie des Discours*, S. 90.
118) Newman, *Une Poésie des Discours*, S. 70.

men.[119] Mit diesem Begriff kennzeichnet sie das wechselseitige Verhältnis von tatsächlich gesprochenem Dialog und tropismaler Regung, die einander bedingen. Worte des alltäglichen Gesprächs (*conversation*) lösen innere Regungen (beschrieben durch die *sous-conversation*) aus, die wiederum in verbale Reaktion (*conversation*) münden.

Wendet man das von Newman Herausgearbeitete auf die in dieser Arbeit untersuchten drei Romane an, ergibt sich folgendes Bild:

Newmans Beschreibung trifft ganz auf *Le Planétarium* und alle nichtdialogischen Romane Sarrautes zu. Die dialogischen Romane zeigen sich jedoch in einem anderen Licht: Aus ihnen sind alle extradiegetischen (skripturalen) Textteile verbannt, und die *paroles intérieures indirectes* werden auf eine Ebene der tropismenluziden inneren Stimmen bzw. Wörter-Akteure überführt. Einen ersten Schritt auf dem Wege dieser Übeführung bildet in Sarrautes Werk die Umarbeitung der Tropismen-Idee für das Theater.[120] Auf Anfrage des deutschen Hörfunks schreibt Sarraute 1964 ihr erstes Hörspiel bzw. Theaterstück *Le Silence*. Da in einem reinen Sprechstück die Textteile der Gedanken- und Tropismenebene in die gesprochene Sprache überführt werden müssen, sieht sich Sarraute gezwungen, die *sous-conversation* in den Dialog zu überführen.[121] So entsteht ein tropismenbeladener Dialog, den Sarraute in ihren Werken *Enfance, Tu ne t'aimes pas* und *Ouvrez* zu einem tropismenluziden Dialog weiterentwickeln kann: Die Sprecher dieser Texte verfügen über ein Tropismenbewußtsein, in dem sich Sarrautes Aussagen zum Tropismus spiegeln. Die Rolle des Tropismensuchers und -beschreibers geht also vom extradiegetischen Erzähler auf die inneren Stimmen, die Tropismenbeschreibung von den *paroles intérieures*

---

119) Siehe vor allem Nathalie Sarraute, „Conversation et sous-conversation", in: *L'Ère du soupçon*, S. 1587–1607.

    Speziell zur Rolle der direkten Rede in der *sous-conversation* siehe: Hans Rudolf Picard, „Die Rolle der direkten Rede und des Dialogs in Romanen der ‚sous-conversation'", in: Renate Lachmann (Hrsg.), *Dialogizität*, München: Finck, 1982, S. 131–140.

120) Siehe zum folgenden: Marie-Hélène Boblet-Viart, „Vers une poétique du roman dialogué: *Tu ne t'aimes pas* (1989)", *Roman 20–50* 25 (1998), H. Juni, 125–138, hier S. 126ff. sowie: Nathalie Sarraute, „Le gant retourné", in: *Œuvres complètes*, S. 1707–1713.

121) Siehe hierzu „Le gant retourné", S. 1708:
    Ce qui dans mes romans aurait constitué l'action dramatique de la sous-conversation, du pré-dialogue, où les sensations, les impressions, le « ressenti » sont communiqués au lecteur à l'aide d'images et de rythmes, ici se déployait dans le dialogue lui-même. La sous-conversation devenait la conversation. Ainsi le dedans devenait le dehors et un critique, plus tard, a pu à juste titre, pour qualifier ce passage du roman à la pièce, parler de « gant retourné ».

indirectes auf die direkte Rede über.

Wie die Beschreibungen der Diskursformen bei Sarraute nichtsdestoweniger gezeigt haben, sagt die reine Form eines Diskurses noch nichts über seine inhaltliche Bedeutung aus. Auf Anhieb läßt sich nicht feststellen, ob ein Diskurs eine Beschreibung oder Schilderung der Außenhandlung, eine bildhafte Darstellung des Tropismus oder die Wiedergabe von Gedanken ist. Um die Bedeutung erkennen zu können, muß der Leser klären, wessen Sicht einen Textabschnitt bestimmt (*focalisation*), wer der Sprecher ist (*voix*) und welcher Erzählebene der Diskurs angehört (*niveau narratif*).

3.1.2.2.2 Fokalisierung (*focalisation*)

Wie die Untersuchung der Diskurse in Sarrautes Werk gezeigt hat, spielt die Fokalisierung, d. h. aus wessen Perspektive heraus wahrgenommen wird[122], eine große Rolle für das Erkennen der Bedeutung einzelner Passagen.

Fokalisierung bedeutet andersherum betrachtet den Grad der Einschränkung des Wissens des Erzählers. Genette unterscheidet drei Grundtypen der Fokalisierung: Die *focalisation zéro* ist der Fokalisierungstyp des klassischen *récit*, bei dem der Erzähler zwar einen Standpunkt außerhalb der Romanfiguren einnimmt, jedoch alles über sie und ihre inneren Regungen weiß. Bei der *focalisation interne* wird aus der Perspektive einer Romanfigur heraus erzählt, das bedeutet, das Wissen des Erzählers ist auf das des *personnage* eingeschränkt. Die *focalisation externe* schließlich stellt eine „objektive" Betrachtung der Romanfiguren von außen dar: Der Erzähler weiß nur, was ein außenstehender Betrachter wüßte, aber nichts über die Gedanken des *personnage*. Im Hinblick auf den möglichen Wechsel dieser Fokalisierungstypen innerhalb eines Romans schlägt Genette drei Systeme vor: tonales System, bei dem ein Fokalisierungstyp dominiert, atonales, bei dem keine Fokalisierungsart dominiert, und polytonales, bei dem eine beschränkte Anzahl an Fokalisierungstypen untereinander abwechselt.[123]

---

122) Die Fokalisierung beantwortet die Fragen: Qui voit ?/Qui perçoit ? Où est le foyer de perception ? Siehe Genette, „Discours du récit", S. 203; *Nouveau Discours du Récit*, S. 43.

123) Genette, „Discours du récit", S. 223f. Bei der *focalisation interne* unterscheidet Genette noch zwischen fixer interner Fokalisierung (gesamter *récit* aus einer Perspektive), variabler (nacheinander wird in verschiedene Personen hineingeschaut) und multipler (gleiche Geschehnisse werden aus verschiedenen Perspektiven erzählt). Er erwähnt diese drei Modelle bei den Fokalisierungstypen (*focalisation zéro, externe, interne*) und suggeriert somit – ohne dies ausdrücklich zu sagen –, daß sie Untertypen der internen Fokalisierung seien (Genette, „Discours du récit", S. 206f.).

3 SUGGESTIVE TECHNIKEN

Sarraute macht sich die Möglichkeiten der Fokalisierung in ihren Werken für ihren speziellen Zweck der Darstellung der Tropismen zu eigen. Gemäß ihrem Blick auf die Innenwelt der Tropismen gibt sie zumeist der internen Fokalisierung den Vorzug. Da sie die Fokalisierung von einer Figur zur anderen wandern läßt, kann man von einem polytonalen System sprechen.

Während in *Portrait d'un inconnu* und *Martereau* die interne Fokalisierung auf dem Ich-Erzähler lag, der wiederum andere Personen extern – und in imaginären Szenen intern – fokalisierte, geht Sarraute in *Le Planétarium* zu einem System der variablen und multiplen inneren Fokalisierung über. Die Autorin experimentiert hier mit dem Wechselspiel der Perspektiven traditionell angehauchter *personnages*. Die interne Fokalisierung ist variabel, da der Fokus stetig von einer Romanfigur zur anderen wechselt. Dabei kann jedem Kapitel eine dominierende Perspektive zugeordnet werden.[124] Innerhalb der Kapitel wechselt die Fokalisierung dennoch mehrfach.[125] Die

---

Leider verbindet Genette dadurch unterschiedliche Abstraktionsebenen miteinander: Wenn er von *récit à focalisation interne* spricht bezieht sich diese Bezeichnung auf einen Gesamttext, wäre also richtiger seine *focalisation interne fixe*. Allgemein gebraucht Genette jedoch den verkürzten Terminus *focalisation interne* auch für einzelne Textsegmente – eben in Abgrenzung zur *focalisation externe* eines Textsegmentes. Während interne und externe Fokalisierung sich auf den vom Erzähler eingenommenen Standpunkt eines Segmentes beziehen, betreffen *focalisation fixe, variable* und *multiple* jedoch ganz anders geartete Fragen: Alle drei behandeln zunächst den Wechsel der Fokalisierungsarten im Ablauf des Gesamt-*récit*. Sie unterscheiden sich bezüglich der Antwort auf die Frage nach der Zahl der fokalisierten Romanfiguren (fixe Fokalisierung auf eine einzige Figur; variable und multiple auf mehrere Figuren). Die Unterscheidung zwischen variabler und multipler Fokalisierung betrifft schließlich die Frage des *ordre* und der *fréquence*: Werden nacheinander in der *histoire* abfolgende Szenen nacheinander im *récit* von verschiedenen Personen aus dargestellt oder wird ein Geschehen der *histoire* nacheinander von verschiedenen Personen im *récit* referiert?

Meiner Meinung nach müßte man also die fixe, variable und multiple Fokalisierung als *altération*-Typen und somit in Zusammenhang mit den drei hier genannten Systemen (tonal, atonal und polytonal) betrachten. Ein Roman mit variabler oder multipler interner Fokalisierung könnte somit ein Beispiel für ein polymodales System sein. Ein *récit* mit fixer interner Fokalisierung stellte ein tonales System dar.

124) Alains Perspektive herrscht grundsätzlich vor. Bezüglich der dominierenden Fokalisierung je Kapitel ergibt sich folgendes Verhältnis: Haupt-Fokalisierung auf Alain: 8,5 (Kapitel 2, 5, 6, 8, 10, 12, 14, 20, 21), Berthe: 4 (Kapitel 1, 15, 16, 18), Gisèle: 3,5 (Kapitel 4, 7, 8, 9), Pierre: 2 (Kapitel 11, 19), Gisèles Mutter und Germaine Lemaire je 1 Kapitel (3 bzw. 13). Schon anhand der Grobeinteilung bezüglich der Haupt-Fokalisierung je Kapitel wird der stete Wechsel erkennbar.

125) Im achten Kapitel beispielsweise kommt es zu einem raschen Perspektivenwechsel, der sich spiegelt, da sowohl in der Fokalisierung auf Alain als auch auf

3.1 TECHNIKEN

Fokalisierung ist multipel insofern, als manche Szenen mehrfach nacheinander aus verschiedenen Perspektiven heraus erfahren werden.[126] Sarraute wendet zum Teil eine Fokalisierungsverschachtelung an, die den Leser in Unsicherheit darüber läßt, wessen Perspektive den *récit* gerade bestimmt (siehe *intellection différée* weiter unten).

Tu ne t'aimes pas wird bezüglich der Wahrnehmung der Außenwelt von einer strikten internen Fokalisierung auf das multiple Sprecher-Ich bestimmt. Alle externen Geschehnisse müssen durch diese Ichs passieren. Die Ichs spielen zum Teil die Rolle unterschiedlicher „Charaktere", die das erlebte Geschehen diskutieren und verschiedene Interpretationen des Erlebten beitragen, so daß der Perspektivenwechsel als ins Innere der multiplen Person gelegt erscheint. Innerhalb der Person selbst kann also wiederum von einer multiplen internen Fokalisierung gesprochen werden, die von einer Sprecherstimme zur anderen wandert. Dabei ist jedoch zu beachten, daß die internen Stimmen nicht immer wirklich voneinander zu unterscheiden sind.

Bei *Ouvrez* liegt der Fokus gleichfalls im (fiktiven „verbalen") Inneren einer Person. Die interne Fokalisierung auf die sprechenden Wörter-Akteure führt dazu, daß Außengeschehen und auch die fiktiven, wortwörtlichen Wortgefechte wie im Drama mittels Botenberichten oder Mauerschau wiedergegeben werden müssen. Auf der Ebene der Wörter-Akteure selbst muß ebenfalls von einer internen Fokalisierung auf die einzelnen Akteure gesprochen werden: Im Gegensatz zu *Tu ne t'aimes pas*, wo die inneren Stimmen nicht immer wirklich voneinander zu unterscheiden sind, bewirkt die Darstellung der Wörter als eigenständige „Charaktere", daß jeder Akteur wiederum nur weiß, was er selbst gesehen hat. Daher müssen die Wörter untereinander verbal kommunizieren, um Erlebnisse anderer Wörter zu erfahren. Man kann also sagen, daß bereits aufgrund des Dialogcharakters von *Tu ne t'aimes pas* und *Ouvrez* die Fokalisierungsart durch die *voix* bestimmt wird.

Das entscheidende Merkmal bei der Fokalisierung in Sarrautes Romanen ist, daß die Frage „Qui perçoit?" erst im Nachhinein vom Leser beantwortet werden kann. Newman nennt diese für Sarraute typische Technik *intellection différée*.[127] Sarraute versucht den Leser direkt in die Gefühlswelt des *personnage* hineinzuziehen, ohne daß er sich über die Auslöser der Gefühlsregung zunächst klar werden kann. Die konkreten Informationen über die Person, deren Perspektive den *récit* bestimmt, und über

---

Gisèle das gleiche Bild des Fuchses für Gisèle verwendet wird (*Le Planétarium*, S. 141ff.).
126) Siehe Beispiele im Kapitel 3.1.2.1.3 (Frequenz), S. 43.
127) Newman, *Une Poésie des Discours*, S. 62.

die äußeren Umstände, die Auslöser der beschriebenen Gefühlsregungen, werden dem Leser erst nachträglich gegeben, bzw. er kann sie sich erst nachträglich anhand von Indizien erschließen. Als Indizien, d. h. Mittel zur Bezeichnung, für die Romanfiguren finden sich zunächst die anonymen Pronomina (il(s), elle(s))[128], dann Eigennamen (nur innerhalb von Dialogen über eine Person verwendet) oder Namens-Substitute (z. B. „sa tante" für Berthe[129]), Synekdochen (z. B. „Sourires, regards entendus, murmures..."[130]), affektive Beschreibungen (z. B. „Une mère pleine de sollicitude [...]"[131], „deux vieilles maléfiques"[132]), charakterisierende Wiederholungen (z. B. Glattstreichen des Teppichs durch Pierre[133]) und die Dialoge selbst, die Hinweise auf den Sprecher geben.[134] Hinter der Verwendung dieser Mittel zur Verschleierung einer Person offenbart sich Sarrautes Wille, das Konstrukt *personnage* zu zerstören.

In *Le Planétarium* macht Sarraute von der Technik der *intellection différée* ausgiebig Gebrauch: Die Romanfigur, deren Fokus einen Abschnitt bestimmt, wird grundsätzlich nur mit einem Personalpronomen eingeführt, welches im Falle von „il" und „elle" nur eine Information zum Geschlecht der Person gibt. Im Falle von „on" entfällt auch dieses Kennzeichen: Zu Beginn des Romans („Non vraiment, on aurait beau chercher, on ne pourrait rien trouver à redire, c'est parfait..."[135]) kann sich der Leser nur erschließen, daß hier jemand über die Meinung anderer nachdenkt bzw. sich in die Lage dieser anderen versetzt und sich selbst mit „on" bezeichnet. Als nächster Hinweis findet sich ein unpersönliches „Il faut toujours exiger [...]", das wiederum auf die Meinung einer Person hinweist. Erst mit „qu'elle ne prenne le vert amande" wird klar, daß es sich um die Perspektive einer weiblichen Figur („elle") handelt.[136] Daß diese Person zu einem

---

128) Zum speziellen Pronominagebrauch bei Sarraute siehe: Jean Michel Adam, *Linguistique et discours littéraire. Théorie et pratique des textes*, Paris: Larousse, 1976, S. 396ff.; Andrea Bedeschi, „Il *trompe-l'œil* pronominale. *Tu ne t'aimes pas* di Nathalie Sarraute", *Francofonia* 16 (1996), H. 31, 3–20; Jacques Howlett, „Distance et Personne dans quelques romans d'aujourd'hui", *Esprit* 26 (1958), H. 263–264, 87–90; Bernard Pingaud, *L'expérience romanesque*, S. 219ff.
129) *Le Planétarium*, S. 350.
130) *Le Planétarium*, S. 377.
131) *Le Planétarium*, S. 367.
132) *Le Planétarium*, S. 378.
133) *Le Planétarium*: Dieser Tick Pierres, den Teppich immer glattstreichen zu müssen, wird auf S. 438 und S. 484 eingeführt. Kapitel 19 beginnt mit „Ce coin de tapis, là, devant ses pieds, [...]" (S. 493.): Durch die Wiederaufnahme des Teppich-Ticks im Text wird im gleichen Moment klar, daß es sich um Pierres Perspektive handeln muß.
134) S. Newman, *Une Poésie des Discours*, S. 51ff.
135) *Le Planétarium*, S. 342.
136) Dies steht aber nur fest, wenn sich der Leser schon auf die Tatsache einer internen

3.1 TECHNIKEN

anderen Protagonisten in verwandtschaftlichem Verhältnis steht, wird indirekt erst im folgenden Kapitel deutlich, wenn eine Stimme jemand anderen auffordert, die Geschichte seiner Tante zu erzählen[137], und diese Geschichte eben auf Elemente des ersten Kapitels (die neue Tür, die durch Chromgriffe verunstaltet wurde) Bezug nimmt. Daß diese Tante mit Vornamen „Berthe" heißt, erfährt der Leser erst im dritten Kapitel[138], in dem Gisèles Mutter im Gespräch mit ihrer Tochter über die Tante als „La vieille tante Berthe"[139] spricht. Personennamen werden bei Sarraute grundsätzlich nur in Dialogen genannt, was der Logik der internen Fokalisierung entspricht: Keiner bezeichnet sich selbst in Gedanken mit Namen, und es erscheint auch im richtigen Leben wahrscheinlicher, daß man andere mehr über ihre bloße Anwesenheit (il, elle) oder ihr Verhältnis zu einem selbst wahrnimmt. So finden sich im ersten Kapitel neben dem „elle" Berthes noch „les autres"[140] (andere Besucher einer Kathedrale, in der Berthe das Türmodell fand, in der Erinnerung Berthes), „ils"[141] (als Tür-Lieferanten aus dem Kontext ihrer Handlung erkennbar und im Dialog mit „vous" von Berthe angesprochen), „son décorateur"[142] (später in Alains Erzählung als „Renouvier" bezeichnet[143]), „son vieil oncle"[144] (in einer Erinnerung an dessen Arbeitszimmer) und „les gens"[145] (in eben dieser Erinnerung). Im zweiten Kapitel, bei dem der Fokus auf Alain liegt, setzt sich diese Technik fort: Es wird mit den Dialogsätzen „Oh, il faut qu'il vous raconte ça, c'est trop drôle... Elles sont impayables, les histoires de sa tante... [...] Si, racontez-leur [...]"[146] eröffnet, die eine Reihe von Personen einführen: der/die Sprecher(in) (wird im folgenden *récit* als „elle" eingegrenzt), die potentiellen Zuhörer („vous") der erbetenen Geschichte und der potentielle Erzähler („il", „vous"). Um wen es sich jeweils handelt, kann der Leser nur nach und nach erschließen, sofern dies überhaupt möglich sein sollte. In gleicher Weise verwendet Sarraute die bestimmten Demonstrativpronomina: Zum Beispiel „ce mur beige"[147] entspringt der strengen internen

---

      Fokalisierung eingelassen hat. Sonst könnte er annehmen, daß „elle" auch eine andere Person bezeichnen könnte.
137) *Le Planétarium*, S. 350.
138) Die Kapitel sind bei Sarraute grundsätzlich nicht numeriert. Trotzdem seien sie hier zur besseren Übersicht mit Nummern versehen.
139) *Le Planétarium*, S. 374.
140) *Le Planétarium*, S. 342.
141) *Le Planétarium*, S. 343; 345ff.
142) *Le Planétarium*, S. 343.
143) *Le Planétarium*, S. 354.
144) *Le Planétarium*, S. 349.
145) *Le Planétarium*, S. 349.
146) *Le Planétarium*, S. 350.
147) *Le Planétarium*, S. 341.

3 Suggestive Techniken

Fokalisierung. Berthe hat die ihr bekannte Mauer im gleichen Moment vor Augen, also muß auch der Text sie als bekannt voraussetzen.

Besonders kompliziert wird das Erkennen des Fokusträgers, wenn Sarraute eine Person über die Perspektive anderer Personen spekulieren läßt, d. h. wenn eine Person einen imaginären internen Fokus auf eine andere Person wirft. Als Beispiel möge hier wiederum die Buchladenszene zu Beginn des zehnten Kapitels dienen: Nachdem der Leser die von Alain erwünschte, aber nur imaginierte Szene des ersten Treffens zwischen seinem Vater und Germaine Lemaire, die erst in der Mitte durch den Übergang zum *conditionnel* ihr irreales Wesen offenbart, verfolgt hat, erklärt der nächste Abschnitt diese „scène exquise" endgültig zu einer Phantasie: „Et il s'en est fallu d'un rien – juste d'un certain mouvement de sa part, que ne se déploie [...] ce spectacle charmant."[148] Im folgenden wird klar, daß Alain die erlebte Szene im Nachhinein noch einmal im Geiste durchspielt (Wechsel vom *passé composé* der Erinnerung – „elle est apparue" – zum *présent* des nochmaligen szenischen Erlebens – „Son père l'observe un peu surpris [...]"[149]). Zunächst folgt Alains Blick dem seines Vaters (der wiederum Alains Blick gefolgt war), um dann Germaine Lemaire mit dessen Augen zu beschreiben:

> Son père l'observe [Alain, F. d. P.] un peu surpris et, se tournant pour suivre la direction de son regard, devinant déjà quelque chose, [...] son père voit s'avancer vers eux dans la travée, entre les tables chargées de livres, de revues que son ample mantille de soie noire balaie, une grosse femme curieusement attifée, les traits taillés à la serpe, l'air d'une marchande à la toilette ou d'une actrice démodée, vêtue de bizarres oripeaux. Elle tend la main d'un geste large par lequel elle veut exprimer, qui exprime, on le sent, à ses propres yeux, une royale simplicité... [...][150]

Alain sieht hier Germaine Lemaire mit den Augen seines Vaters, denn die eher negative, etwas Unbekanntes schauende Betrachtung kann nicht die seine sein.[151] Im nächsten, tropismalen Abschnitt wandert der Tropismus von Alains Gefühl des Inspiziertwerdens durch seinen Vater zu einer

---

148) *Le Planétarium*, S. 424f.
149) *Le Planétarium*, S. 425.
150) *Le Planétarium*, S. 425f.
151) Mit „qui exprime, on le sent, à ses propres yeux" geht der Text sogar noch einen Schritt weiter: Alain versetzt sich in seinen Vater hinein, der sich wiederum in Germaine Lemaire hineinversetzt.

ausführlichen Imagination dessen, was sein Vater über ihn denken, fühlen könnte:

> Il [Alain, F. d. P.] est un insecte épinglé sur la plaque de liège, il est un cadavre étalé sur la table de dissection et son père, rajustant ses lunettes, se penche... [...] Son père n'a pas pu s'y tromper un seul instant: c'était donc cela que signifiait cet air hagard, tout à coup, hébété... Pensez donc, Mme Germaine Lemaire est entrée, et le misérable parvenu, honteux, tremblant, que va-t-elle voir? deviner? penser? ne sera-t-elle pas déçue, choquée? sera-t-on assez aimable? assez déférent?... Rien n'est trop beau pour les autres, pour cette bonne femme idiote [...] Mais avec son père on n'est pas si délicat... moi je ne suis bon qu'à ça, payer des livres d'art qu'il lui fera admirer [...]¹⁵²

Ohne daß klar ist, ob Alain diese für Tropismen typische Beschreibung tatsächlich so denkt, erscheint Alain im nächsten Abschnitt jedoch erstaunlich hellsichtig, was die Existenz der tropismalen Gefühlsregungen angeht:

> Tout cela tourbillonant, se chevauchant en désordre... Mais il connaît pour les avoir mille fois observées ces infimes particules en mouvement. Il les a isolées d'autres particules avec lesquelles elles avaient formé d'autres systèmes très différent, il les connaît bien. Maintenant elles montent, affleurent, elles forment sur le visage de son père un fin dépôt, une mince couche lisse qui lui donne un aspect figé, glacé.¹⁵³

Alains Wissen um die Tropismen bringt ihn hier in Verwandtschaft zu den Ich-Erzählern, jenen „Tropismenjägern" aus *Portrait d'un inconnu* und *Martereau*. Es folgt daraufhin wieder eine Betrachtung Germaine Lemaires aus der durch Alain imaginierten Sicht seines Vaters. Interessant hierbei ist, daß der imaginierte Standpunkt des Vaters in dem oben zitierten rein tropismalen Abschnitt zu einem Wechsel zur 1. Person Singular führt („moi je suis bon qu'à ça"), während der Leser ansonsten in einem „il" den Vater erkennen muß. Während der tropismale Abschnitt jedoch keinen Zweifel daran läßt, daß er ganz aus dem Blick bzw. Gefühl Alains heraus entsteht, gestaltet sich diese Zuordnung in den anderen Abschnitten als schwieriger. Soll der Leser hier einen wirklichen Wechsel der internen Fokalisierung von

---

152) *Le Planétarium*, S. 426f.
153) *Le Planétarium*, S. 427.

3 Suggestive Techniken

Alain auf seinen Vater sehen oder aber den internen Fokus auf Alains Vater als Imagination seines Sohnes auffassen? Da der Fokus der Beschreibung der tatsächlichen Außenhandlung (Gesprächsteile) bei Alain bleibt, ist die zweite Lösung vorzuziehen.

Im folgenden Abschnitt wandert der Fokus von Alain wiederum zu Germaine Lemaire hinüber:

> Elle redresse la tête en riant, le mépris luit au fond de son œil... «Oh Sainte-Beuve, je n'en sais rien. Pourquoi Sainte-Beuve, d'ailleurs, vous l'aimez donc tant?»
> Elle ne peut pas permettre ces ricanements. Bas les pattes. Elle doit défendre sa caste, son rang. Mais lui, elle ne va pas continuer à se commettre... Elle se détourne, distraite, leur donnant congé pour toujours à tous les deux, elle se tourne vers la vendeuse... [...] Ils ne sont qu'un incident, une brève distraction qu'elle écarte, qu'elle oublie. Ils ne valent pas la peine qu'elle perde une seule parcelle de son temps, [...][154]

Durch die Übertreibung „sa caste, son rang" wird klar, daß es sich nicht wirklich um Lemaires Gedanken handelt, sondern um die von Alain bei ihr vermutete Gefühlsregung. Wie das Beispiel zeigt, zeichnet sich *Le Planétarium* durch einen regen Wechsel der Fokalisierung aus, die den Leser – zumindest anfangs – im Unklaren darüber beläßt, wer der Träger des Fokus ist. Wie in anderen Fällen auch kann der Leser erst im Nachhinein den Fokuswechsel erkennen.

In *Les Fruits d'or*, *Entre la vie et la mort* und *«disent les imbéciles»* arbeitet Sarraute diese Technik noch weiter aus: Der Fokus wandert von einer namenlosen Stimme zur anderen und unterstützt somit Sarrautes Willen zur Abschaffung der *personnages*.[155]

Durch den erneuten Wechsel zu einer Art Ich-Erzähler in *Enfance* und *Tu ne t'aimes pas* ist Sarraute mehr oder weniger gezwungen, wieder zu ei-

---

154) *Le Planétarium*, S. 428.
155) S. auch Newman, *Une Poésie des Discours*, S. 76:
Il y a ainsi progression d'une vue encore du dehors, *sur* les personages, dans *Tropismes*, à une vue localisée chez le narrateur personnage, qui se traduit dans sa parole et dans sa saisie des autres dans leurs paroles. Dans les dernières œuvres cette perspective passe à différents personnages, souvent éphémères.
Valerie Minogue hebt bezüglich *Le Planétarium* hervor, daß die Vermeidung von Eigennamen auch dazu diene, „to discourage him [the reader, F. d. P.] from focusing on particular characters." Valerie Minogue, „Nathalie Sarraute's *Le Planétarium*: The narrator narrated", in: *Forum for Modern Language Studies* 9 (1973), H. Juli, 217–234, hier S. 217.

3.1 TECHNIKEN

ner fixen internen Fokalisierung zurückzukehren.[156] Die *intellection différée* betrifft hier weniger den Fokalisierungs-Wechsel als vielmehr den Wechsel der Szenarien und Themen. Sie erschwert (außer zu Beginn des Romans) weniger die Beantwortung der Frage „Qui perçoit?" als das Erkennen und Einordnen der vom multiplen Ich beschriebenen Szenen und Personen. Damit erfüllt sie jedoch weiterhin eine wichtige Aufgabe für die *focalisation interne*, denn sie folgt (wie bereits oben beschrieben) der Logik einer derart eingeschränkten Perspektive. Der Leser folgt unmittelbar dem Blick und den Gedanken des Ichs, für das Personen, Orte und Dinge gegenwärtig, also im Gegensatz zum Leser nicht klärungsbedürftig sind.

Grundsätzlich gelten für *Ouvrez* die selben Regeln wie für *Tu ne t'aimes pas*. Die *intellection différée* der ersten Szene, d. h. die Verzögerung der Beantwortung der Frage „Wer spricht?" wird jedoch insofern aufgehoben, als Sarraute dem Roman ein Vorwort beigegeben hat, in dem sie erklärt, daß die folgenden Akteure Wörter seien.[157] Bei *Ouvrez* muß wie bei *Tu ne t'aimes pas* zwischen den Ebenen Innen- und Außenhandlung unterschieden werden: Auf der Wörter-Ebene beginnt jede Szene mit einer Art Exposition. Auf der Außenhandlungsebene, d. h. zugleich der Verständnisebene, greift jedoch wieder die Technik der *intellection différée*. Während der Leser sogleich erfährt, was die Wörter-Akteure gerade handeln, kann er erst nachträglich rekonstruieren, worum es in dem tatsächlichen Gespräch annähernd gegangen sein müßte.

Schließlich sollte noch angemerkt werden, daß nicht nur das Erkennen der Romanfiguren bedeutend für das Erkennen der Fokalisierung bzw. der Fokusträger ist, sondern daß umgekehrt das Vorhandensein einer Fokalisierung im Laufe von Sarrautes Werk erst die Romanfigur selbst generiert:

> De plus en plus au fil des œuvres, le seul critère qui compte est celui de l'optique [= focalisation, F. d. P.]. Ephémère ou permanent, anonyme ou nommé, décrit ou non, est « personnage » chez Nathalie Sarraute, celui qui est lieu d'un tropisme opposé en ceci aux autres qui n'existent qu'à travers sa conscience, comme faisant partie de la situation qui provoque sa réaction.[158]

Die Fokalisierung bei Sarraute stellt ein Mittel dar, den Leser zum einen durch die strenge Personenperspektive der üblichen Anhaltspunk-

---
156) Genette schlägt für den Umstand, daß die Wahl der *voix* die Wahl der Fokalisierungsart beeinflußt, den Term *préfocalisation* vor. Genette, *Nouveau Discours du Récit*, S. 52.
157) *Ouvrez*, S. 9.
158) Newman, *Une Poésie des Discours*, S. 77.

te des traditionellen Romans zu berauben und ihn zum anderen durch das Hineinversetzen in die Gedanken- und Gefühlswelt einer Person den Tropismen näherzubringen.

3.1.2.3 Stimme (*voix*)

Wie in Kapitel 3.1.2.2.1 (Distanz) bereits beschrieben, entwickelt Sarraute ihre Romane von der Narration aus einer noch greifbaren Außenperspektive weg zur reinen Dialogizität hin. Damit Sarraute ihren Leser einen möglichst direkten Zugang zur tropismalen Welt erfahren lassen kann, sucht sie neben den *personnages* auch die Repräsentation der narrativen Instanz, d. h. den Erzähler in ihren Werken nach *Martereau* möglichst verschwinden zu lassen, oder wie Newman es ausdrückt:

> Pour le lecteur, plonger dans les personnages, c'est entrer dans le texte; faire sienne la vision de l'auteur, c'est perdre celui-ci de vue. Autrement dit, examiner les facteurs variables de l'énonciation des romans de Nathalie Sarraute conduit à constater une progressive occultation de l'auteur.[159]

Hierbei gilt es zu beachten, daß „occultation de l'auteur" richtiger „occultation du narrateur" heißen müßte. Newman bezeichnet in seiner Arbeit leider mit dem Begriff „narrateur" nur den Ich-Erzähler und setzt ansonsten den Erzähler mit dem Autor begrifflich gleich. Genette betont allerdings, daß Autor und narrative Instanz sowie tatsächliche Schreibsituation und fiktive Narrationssituation auseinanderzuhalten sind.[160] Und wenn Genette schreibt, „[...] que la saine méthode impose ici, au moins dans un premier temps, de n'attribuer au «Romancier» (omniscient) que ce que l'on ne peut vraiment pas attribuer au narrateur."[161], würde ich vorschlagen, diese „saine méthode" noch auszuweiten und jedes textinterne Moment dem Erzähler zuzuordnen, anstelle auf den textexternen Autor zurückzugreifen.

Im *Nouveau Discours du récit* hebt Genette hervor, daß es einen *récit sans narrateur* nicht geben kann,

> puisque l'essentiel de *Discours du récit*, à commencer par son titre, repose sur l'assomption de cette instance énonciatrice qu'est la narration, avec son narrateur et son narrataire, fictifs

---

159) Newman, *Une Poésie des Discours*, S. 81.
160) S. Genette, „Discours du récit", S. 226.
161) Genette, „Discours du récit", S. 220.

ou non, représentés ou non, silencieux ou bavards, mais toujours présents dans ce qui est bien pour moi, j'en ai peur, un acte de communication. [...]
Le récit sans narrateur, l'énoncé sans énonciation me semblent de pures chimères [...][162]

Deshalb muß eine Untersuchung der narrativen Instanz die Spuren des Erzählers im Text ausfindig machen.

3.1.2.3.1 Erzählinstanz (*instance narrative*) und narrative Niveaus (*niveaux narratifs*)

Auf ihrem Weg zur möglichst vollständigen Verschleierung der narrativen Instanz verbannt Sarraute in einem ersten Schritt den homodiegetischen Ich-Erzähler aus ihren Werken. In *L'Ère du soupçon* noch sah Sarraute im Ich-Erzähler den einfachsten Weg, dem Leser durch Identifizierung mit einer tropismen-luziden Figur die Tropismen zu vermitteln:

> Tout est là, en effet: reprendre au lecteur son bien et l'attirer coûte que coûte sur le terrain de l'auteur. Pour y parvenir, le procédé qui consiste à désigner par un «je» le héros principal constitue un moyen à la fois efficace et facile, et, pour cette raison, sans doute, si fréquemment employé.
> Alors le lecteur est d'un coup à l'intérieur, à la place même où l'auteur se trouve, à une profondeur où rien ne subsiste de ces points de repère commodes à l'aide desquels il construit les personnages. Il est plongé et maintenu jusqu'au bout dans une matière anonyme comme le sang, dans un magma sans nom, sans contours. [...]
> Quant aux personnages secondaires, ils sont privés de toute existence autonome et ne sont que des excroissances, modalités, expériences ou rêves de ce «je», auquel l'auteur s'identifie, et qui, en même temps, n'étant pas romancier, n'a pas à se préoccuper de créer un univers où le lecteur se sente trop à l'aise, ni de donner aux personnages ces proportions et dimensions obligatoires qui leur confèrent leur si dangereuse «ressemblance».
> Son œil d'obsédé, de maniaque ou de visionnaire s'en empare à son gré ou les abandonne, les étire dans une seule direction, les comprime, les grossit, les aplatit ou les pulvérise pour les forcer à lui livrer la réalité nouvelle qu'il s'efforce de découvrir.[163]

---
162) Genette, *Nouveau Discours du Récit*, S. 68.
163) *L'Ère du soupçon*, S. 1585f.

3 SUGGESTIVE TECHNIKEN

Sarraute sieht zunächst in dem Ich-Erzähler den idealen Stellvertreter des Autors, da er ihrer Meinung nach alles, was der Autor aussagen möchte, umsetzen kann, ohne sich den Zwängen und Ansprüchen des Publikums an einen Romanautor fügen zu müssen. Obgleich der Ich-Erzähler selbst ein *personnage* ist, kann er, wenn er wie bei Sarraute als *maniaque* angelegt ist, die Kohärenz der anderen *personnages* zerstören. Sarraute bedient sich dieses Kunstgriffs des Autor-Stellvertreters, des besessenen Tropismenjägers in *Portrait d'un inconnu* und *Martereau*.

Mit *Le Planétarium* kehrt sie dem Ich-Erzähler, der selbst einen jener von Sarraute abgelehnten *personnages* darstellt, den Rücken zu und schreibt einen heterodiegetischen *récit* ohne eine sich explizit zu Wort meldende Erzählerfigur. Der extradiegetische Erzähler von *Le Planétarium* ist kein Ich-sagender *personnage* mehr und wird nur in seiner Strukturierungsfunktion, durch die Außenperspektive und vor allem in der Umsetzung der Tropismen in Sprache und Bilder spürbar. Die Erzählerstimme gibt sich durch den Gebrauch der Personalpronomina in der 3. Person Singular als Außenblick auf die Romanfiguren preis.[164] Die 1. Person findet sich nur im *discours rapporté*.[165] Der Erzähler tritt hinter die Romanfiguren zurück.[166] Nichtsdestoweniger bleibt Sarraute ihrer Figur des tropismenbe-

---

164) Außenperspektive und Außenblick bedeuten wohlgemerkt nicht externe Fokalisierung. Sie sollen hier den Umstand bezeichnen, daß es neben der internen Fokalisierung auf die Romanfiguren eben jene *voix* gibt, die die Fokalisierung ausübt und ihre Stimme den Romanfiguren leiht, aber dennoch einen Außenstandpunkt behalten kann, wie die Verwendung der 3. Person zeigt.

165) Valerie Minogue behauptet, es gebe „occasional irruptions into the first person mode, when the self-projection of a character is briefly intensified for reasons of attack or defence" und nennt als Beispiele den Beginn von Kapitel 6 („Gisèle... mon amour, ma femme...", *Le Planétarium*, S. 403), von Kapitel 7 („Mon gendre aime les carottes râpées.", *Le Planétarium*, S. 408) sowie die von mir in 3.1.2.2.2 zitierte Stelle, die Pierres (von Alain imaginierte) Gedanken wiedergibt. Valerie Minogue, „Nathalie Sarraute's *Le Planétarium*: The narrator narrated", S. 219, Fußnote 11. Dieser Interpretation kann ich mich jedoch nicht anschließen: Die Anfänge von Kapitel 6 und 7 geben eindeutig wörtliche Rede wieder – und seien es nur gedachte, nicht tatsächlich geäußerte Sätze. Bei dem „ich" Pierres handelt es sich ebenfalls um direkte Rede, um von Alain bei Pierre vermutete Gedanken. Es handelt sich also um keine *irruptions*, keinen Wechsel der extradiegetischen Erzählerstimme, sondern um die Wiedergabe intra- bzw. metadiegetischer Sätze.

Einen anderen Fall stellt der Wechsel von „il" zu „je" und zurück in einer Erinnerungssequenz Alains in Kapitel 10 dar: Alain ruft sich hier sein allererstes Zusammentreffen mit Germaine Lemaire ins Gedächtnis. Hier wird der tropismale Hintersinn der von ihm geäußerten Worte in der ersten Person Singular wiedergegeben (*Le Planétarium*, S. 430).

166) Newman, *Une Poésie des Discours*, S. 21: „[...] Nathalie Sarraute prône l'effacement de l'auteur derrière les discours extérieurs et intérieurs des personnages."

3.1 TECHNIKEN

wußten Erzählers treu: Sie wird auf der intradiegetischen Ebene von Alain übernommen.[167] Alain tritt z. B. als intradiegetischer Erzähler auf, wenn er der Gesellschaft bei seinen Schwiegereltern die Anekdote von Berthes Tür-Desaster erzählt. Wie in Kapitel 3.1.2.2.2 (Fokalisierung) gezeigt, verfügt er über ein gewisses Bewußtsein der tropismalen Bewegungen, jener „infimes particules en mouvement"[168] und vertritt gegenüber Germaine Lemaire eine Ästhetik, die wie Sarrautes eigene darum bemüht ist, das Besondere hinter dem scheinbar Banalen zu finden.[169]

Auch wenn Sarraute ab *Les Fruits d'or* die *personnages* immer weiter anonymisiert und ihre Einheit zerstört, bleibt sie der Figur des Tropismenjägers bzw. des die tieferen Wahrheiten erahnenden *personnage* in gewisser Weise treu. In ihren Romanen findet sich immer eine Figur, die feinsinniger als die anderen ist, es aber nicht schafft, den anderen ihr Erahnen der Tropismen begreiflich zu machen. Sei es der Leser im letzten Kapitel von *Les Fruits d'or* oder der Autor in *Entre la vie et la mort*, immer wendet Sarraute den Kunstgriff einer Stellvertreter-Figur ihrer selbst in den Romanen an, welche auf die Existenz jener unterschwelligen Gefühlsregungen oder andere Ideen, die die Autorin in ihren theoretischen Schriften vertritt, aufmerksam macht.

Selbst in *Tu ne t'aimes pas*, jenem ins menschliche Innere verlegten Roman, ist sich die die multiplen Stimmen beherbergende Romanfigur ihres multiplen Ichs bewußt und versuchte dies in der Vergangenheit einem

---

167) Minogue sieht in Alain „the phantom of the first person narrator of the earlier novels – of whom he bears all the stigmata." (Minogue, „The narrator narrated", S. 225). Sie argumentiert dabei aber intertextuell: Da es in *Portrait d'un inconnu* und *Martereau* einen Ich-Erzähler gab, der Alain ähnelte, ist Alain eine Weiterentwicklung dieser Erzählerfiguren.
Dem ist jedoch zu widersprechen: Alain ist nicht eine Variation des Ich-Erzählers (= narrative Funktion), sondern eine Variante des Tropismenjägers (= Rolle). Siehe hierzu auch Alan J. Clayton, *Nathalie Sarraute ou le tremblement de l'écriture*, der die einzelnen rekurrenten Rollen der Sarrauteschen Romanfiguren herausarbeitet.
168) *Le Planétarium*, S. 427.
169) Im letzten Kapitel kommt es hierüber zu einem kleinen Streitgespräch:
[Alain:] «[...] Mais sur la matière elle-même, la matière brute, non élaborée, d'où l'on part, sur laquelle on travaille, à partir de laquelle on crée...» Elle [G. Lemaire, F. d. P.] égrène un petit rire «argentin»... «Ha, ha, ha, les boutons de porte ? Les fauteuils ? Les petites manies des gens ? — Oui, n'importe quoi, vous le savez... Il me semble que si on s'y cramponne vraiment, ça peut mener... [...] [G. Lemaire, F. d. P.:] Tout ça, finalement, c'est très amusant, mais entre nous, soyons tout à fait francs... c'est souvent, vous ne croyez pas, du pur gaspillage... un certain goût de facilité... [...] (*Le Planétarium*, S. 517f.)

anderen Menschen mitzuteilen:

> — Tu avais dit... c'était insensé... «Écoutez, je voulais vous demander... Est-ce qu'en vous-même, enfin dans votre for intérieur, vous avez l'impression... mais je dis bien: tout au fond de vous, vous arrivez à vous voir avec une certaine netteté... vous avez l'impression de savoir qui vous êtes...»[170]

An anderer Stelle versucht das Ich, jemanden von seiner Erkenntnis des schädlichen Einflusses der Figur des selbstverliebten „homme surnaturel" zu überzeugen.[171] Auch hier erweist es sich, daß sich nicht nur die fiktionalen inneren Stimmen tropismaler Regungen bewußt sind, sondern daß das Ich die Erkenntnisse der inneren Stimmen auch nach außen tragen kann.

In *Tu ne t'aimes pas* ist der extradiegetische Erzähler so weit zurückgenommen, daß er nur noch in der Strukturierungsfunktion, d. h. hier der Aufteilung der Stimmen auf Gedankenstriche, erahnbar ist. Wohlgemerkt sind hier die Stimmen im Inneren einer Figur nicht mit der internen Fokalisierung eines Ich-Erzählers zu verwechseln. Da es sich bei den Sprecher-Stimmen um einen fiktiven Bewußtseinsgrad des Tropismus handelt, den die tatsächliche Romanfigur in dieser Weise nie erreichen kann, könnte man sagen, daß die inneren Stimmen von einem außen befindlichen Standpunkt her intern fokalisiert werden. Hier muß ein extradiegetischer Erzähler angesetzt werden, der den Tropismus vergrößert und ihm Worte gibt. Auf der intradiegetischen Ebene unterhalten sich die multiplen Stimmen miteinander und werden selbst zu Erzählern, wenn sie sich gegenseitig einzelne Erinnerungen vortragen.[172] Die Außenwelt der zwischenmenschlichen Beziehungen lebt nur noch in der Metadiegese. Insofern stellt *Tu ne t'aimes pas* (wie auch *Enfance* und *Ouvrez*) das Paradox dar, einerseits ganz wiedergegebener Dialog (auf der extradiegetischen Ebene) und andererseits

---

170) *Tu ne t'aimes pas*, S. 1154.
171) *Tu ne t'aimes pas*, Kapitel 21, S. 1277ff.
172) Sheila M. Bells Behauptung, die *voix narrative* kehre nach einer Phase der Verschleierung in Sarrautes Werk in den 80ern massiv zurück, ist also nur unter dem Vorbehalt, daß dies auf der intradiegetischen Ebene geschieht, zuzustimmen. Siehe: Sheila M. Bell, „Des voix orchestrées: *Tu ne t'aimes pas* de Nathalie Sarraute", *Roman 20-50* 25 (1998), H. Juni, 109–124, hier S. 111.
  Françoise Calin versucht, den extradiegetischen Erzähler für *Enfance* durch die Existenz einer dritten Stimme „N'" zu erklären, einer „voix non identifiable mais fortement manipulatrice". Die dieser dritten Stimme zugeteilte Funktion („l'organisation du texte") zeigt aber, daß es sich um den extradiegetischen Erzähler handelt, der ja auch für *Tu ne t'aimes pas* angesetzt werden muß. Françoise Calin, „Les voix narratives dans *Enfance*: Mise en question – et mise en page – de l'autobiographie", in: Sabine Raffy (Hrsg.), *Autour de Nathalie Sarraute*, S. 197–209, hier S. 203f.

fast ganz Erzählung (auf der intradiegetischen Ebene) zu sein. Hier treten multiple Stimmen in einen Dialog zusammen und bilden gemeinsam einen neuen, intradiegetischen Erzähler, der die letzten Überreste von Außenhandlung wiedergibt.

Ouvrez ist grundsätzlich ähnlich aufgebaut: Der extradiegetische Erzähler tritt ganz zurück. Es sei denn, man wollte das kurze Vorwort[173] zum Roman dazuzählen. Auf der intradiegetischen Ebene reden die Stimmen der Wörter-Akteure, die metadiegetisch referieren, was sich im Moment zwischen den Wörtern vor der Mauer abspielt. Im Unterschied zu *Tu ne t'aimes pas* geschieht dieses intradiegetische Erzählen in den meisten Fällen zeitgleich zur Handlung.

In der Reihe der Romane Sarrautes bildet *L'Usage de la parole* bezüglich der *voix* eine große Ausnahme. Hier meldet sich ein extradiegetischer Erzähler direkt zu Wort, der den Leser einlädt, seiner Tropismensuche zu folgen, der dem Leser die Tropismen erklärt und vorführt. Dieser Erzähler führt eine imaginäre Unterhaltung mit dem virtuellen Leser.

3.1.2.4 Zeit der Narration (*temps de narration*)

Was das zeitliche Verhältnis von Narration zur *histoire* angeht, so verläßt Sarraute nach *Tropismes* die *narration ultérieure* und verwendet ab *Portrait d'un inconnu* ausschließlich die *narration simultanée*.[174] Die simultane Narration entspricht Sarrautes Bemühen, den Leser die Tropismen so direkt wie möglich erfahren zu lassen. Wie beim *monologue intérieur* soll eine Illusion der Unmittelbarkeit geschaffen werden. Hierbei gilt aber zu beachten, daß der Begriff „simultan" nicht ideal ist für einen *récit*, der die Momente des Tropismus in Zeitlupe wiedergibt, d. h. beim dem die Zeit der äußeren *histoire* angehalten und die Zeit des Tropismus unverhältnismäßig ausgedehnt wird. Zeiten der Vergangenheit, also die *narration ultérieure* spielen nur auf dem intradiegetischen Niveau eine Rolle, wo Vergangenes durch die *personnages* erinnert wird. Ebenfalls auf der intradiegetischen Ebene findet sich bei *Ouvrez* so etwas wie eine *narration intercalée*: Die Wörter-Akteure berichten, was im Moment geschieht, und versuchen gleichzeitig in das Geschehen einzugreifen.

---

173) *Ouvrez*, S. 9.
174) Zu den zeitlichen Narrationstypen siehe Genette, „Discours du récit", S. 228ff.

3.1.3 Semantische Ebene – Stilistische Mittel – Mikrostruktur

Im Kapitel 3.1 (Techniken) wurde teilweise schon auf die semantische Dimension struktureller Bestandteile eingegangen. Im vorliegenden Kapitel sollen nun semantische Bestandteile der Texte im engeren Sinne betrachtet werden.

3.1.3.1 Ästhetik des Versuchs

Das Schreiben Nathalie Sarrautes bewegt sich in einem Spannungsfeld der Unsagbarkeit und Punktualität des Tropismus auf der einen Seite und der Konventionalität und Linearität von Sprache auf der anderen Seite.[175] Sie nähert sich daher dem Tropismus stets umschreibend. Gleichzeitig weist Sarraute durch eben ihr verbales Umkreisen der Tropismen stets darauf hin, daß das Wesentliche nicht sagbar ist.[176]

Sarraute verfolgt eine Ästhetik des Versuchs, des Herantastens, dessen Ziel nicht das Ausdrücken von Inhalten sondern das Auslösen von Assoziationen ist. In *Portrait d'un inconnu* versucht der Ich-Erzähler diese Ästhetik von einer Ästhetik des Vollendeten folgendermaßen abzuheben:

> «Cela manque de trouble... d'un certain... comment dirais-je... de *tremblement*... on y sent trop d'assurance... de certitude satisfaite... de... de... suffisance... Je préfère, je crois, aux œuvres les plus achevées, celles où n'a pu être maîtrisé... où l'on sent affleurer encore le *tâtonnement* anxieux... le doute... le tourment...», je bafouille de plus en plus... «devant la matière immense... insaisissable... qui échappe quand on croit la tenir... le but jamais atteint... la faiblesse des moyens... [...]»[177]

---

175) Vgl. Rachel Boué, *Nathalie Sarraute, la sensation en quête de parole*, Paris u. a: L'Harmattan, 1997, S. 10: „Un tel statut de la sensation, place l'écriture aux confins de ses limites expressives, dans la mesure où l'instantanéité et la fugitivité sensorielles sont incompatibles avec la fixité et la linéarité langagières."

176) Vgl. z. B. Sarrautes Aussage in einer Diskussion zum Nouveau Roman:
[...] les modernes cherchent ce qui n'est pas définissable. Un moderne décrit quelque chose sans le nommer [...] C'est par l'assemblage de mots d'une grande banalité qu'un moderne arrive à rendre cette chose, [...] quelque chose qu'il sent et n'a pas de mot convenable.

„Discussion", in: Jean Ricardou, Françoise van Rossum-Guyon (Hrsg.), *Nouveau Roman: hier, aujourd'hui*, Bd. II, *Pratiques*, Paris: U. G. E., 1972, S. 41–58, hier S. 44.

177) *Portrait d'un inconnu*, S. 161 (Hervorhebung von mir, F. d. P.).
Alain J. Clayton nimmt hiervon den Begriff des „tremblement" auf, wenn er Sarrautes Ästhetik eine „esthétique du tremblement" tauft. Alan J. Clayton,

3.1 TECHNIKEN

Sarrautes umschreibende Bewegungen lassen sich gut als infinitesimales Vorgehen[178] beschreiben: es kann stets nur eine Annäherung erreicht werden, nie der Kern selbst. Und diese Annäherung versucht Sarraute mit jedem Werk neu. Zum Teil übernimmt sie sogar tropismenauslösende Sätze oder Situationen, die sie in einem Werk nur ansatzweise untersucht hat, in andere Werke, wo sie ausführlicher analysiert werden.[179] Sarrautes Schreiben ist also eine unendliche, im wörtlichen Sinne nicht enden *wollende* Suche nach passenden Vergleichen und Ausdrücken für die tropismalen Regungen, in dem Bewußtsein, daß höchstens eine infinitesimale Annäherung möglich ist.

Sarrautes Schreiben verfolgt in diesem Sinne stets zwei Richtungen: Auf der eine Seite steht der Versuch, sich dem Nicht-Sagbaren verbal zu nähern, auf der anderen Seite hebt Sarraute zugleich immer die Inadäquatheit von Sprache hervor.[180] Sarraute verkündet so bereits im Moment des Suchens nach einem Ausdruck das Scheitern der Sprache. Boué spricht hier von der „négation sarrautienne", der Verneinung einer sprachlichen Ausdrucksmöglichkeit, die mit einer „réfutation en bloc de toute indica-

---

Nathalie Sarraute ou le tremblement de l'écriture, Paris: Lettres modernes, 1989, S. 24ff.

Rachel Boué spricht von einer „poétique de l'indéterminé" (Boué, S. 12). Siehe auch S. 31: „L'inachèvement, l'imperfection sont donc des principes esthétiques ontologiques [...]"

Anthony Newman nennt es eine „technique des approximations médiates" (Anthony Newman, „Enfance de l'écriture, l'écriture d'*Enfance*", in: Sabine Raffy (Hrsg.), *Autour de Nathalie Sarraute*, S. 37–48, hier S. 43.)

Mireille Calle-Gruber nennt es „technique du collage" (Calle-Gruber, S. 132.)
Siehe außerdem: Alan J. Clayton, „« Coucou... attrapez-moi...»", *Revue des Sciences Humaines* 93 (1990), H. 217, 9–22, hier S. 11f.

178) Vgl. Kurt Wilhelm, „Nathalie Sarrautes « Nouveau Roman »", in: ders., *Der Nouveau Roman. Ein Experiment der französischen Gegenwartsliteratur*, Berlin: Schmidt, 1969, S. 49–81, hier S. 55: „jene infinitesimalen inneren Bewegungen".

179) Zum Beispiel nimmt Sarraute den Satz „Si tu continues, Armand, ton père va préférer ta sœur" von *Entre la vie et la mort* (S. 655) in *L'Usage de la parole* (S. 939) (sogar explizit) wieder auf, um ihn erneut zu untersuchen. Der Kommentar der *Œuvres complètes* spricht hier von „recyclage" (S. 1931).

180) Vgl. Boué, S. 59:
La romancière [...] cherche à parler de ce qui prépare et engendre la parole. Assigne une mission aussi contradictoire à l'écriture en lui imposant de rendre compte de ce qui la précède et la constitue, conduit à engager l'écriture dans deux directions opposées: l'une marquant une nette rupture avec l'illusoire continuité – malgré l'arbitraire – entre signifiant et signifié, par le refus même de nommer ce dont elle parle ; l'autre direction visant au contraire à sauvegarder un mouvement de liaison dans l'enchaînement des paroles entre elles et à assurer en définitive l'intelligibilité du texte.

tion référentielle" durch zum Beispiel den häufigen Gebrauch von „cela" einhergehe.[181]

3.1.3.2 Bilder, Vergleiche, Metaphern

Wie bereits in Kapitel 3.1.2.2.1 bezüglich der speziell kodierten, motivierten Begriffe für „sagen" beschrieben, entwickelt Sarraute im Laufe eines Textes wie auch ihres Gesamtwerkes eine eigene Bildsprache. Den in Kapitel 2 erwähnten Dichotomien wie Innen/Außen, lebendiger Tropismus/erstarrte Gefühlsbenennung, lebendige/tote Kunst werden eigene Bildbereiche zugeordnet.

Die Bilder bei Sarraute unterscheiden sich bezüglich ihrer Breite (Textlänge) und der Kenntlichmachung als Bild.

In ihrer kürzesten Form werden Bildbereiche durch einzelne Wörter aufgerufen, meistens in einer Reihung von Verben, Adjektiven oder Substantiven. Folgende Ausschnitte aus *Le Planétarium*, *Tu ne t'aimes pas* und *Ouvrez* sollen jeweils ein Beispiel für Substantiv-, Adjektiv- und Verb-Reihungen geben:

1. La plus ignoble réaction, la barbarie, l'obscurantisme, la bêtise, la plus atroce hérésie... il incarne tout cela, lui – sa chair.[182]

2. Lourde. Inerte. Toute tassée sur elle-même. Énorme masse immobile couchée en travers de son chemin.[183]

3. Mais qu'elle le rabroue, qu'elle se dégage, qu'elle refuse de se courber, de s'agenouiller avec lui devant l'autre, l'étranger, qu'elle se redresse donc, qu'elle le force lui aussi à se redresser...[184]

4. — Nous si nombreux... incernables... incommensurable...[185]

---

181) Boué, S. 51 und 57. Boué entwickelt ihren Begriff der „négation" aus einem Vergleich mit der Freudschen Theorie von Verleugnung und Verneinung, die zum Ersatz des Verdrängten durch ein Symbol führen. Sarraute allerdings verleugne mit dem Gebrauch von Bildern nicht das Referenzobjekt, sondern die Ausdrucksfähigkeit der Sprache. (S. 51ff.)
Vgl. auch Bernard Alazet, „,Entre la vie et la mort' – Le tragique en éclats", *Revue des Sciences Humaines* 93 (1990), H. 217, 39–48, hier S. 39: „Le texte sarrautien se constitue d'approximations qui ne peuvent que relancer la recherche vers des espaces toujours plus lointains, toujours plus incertains."
182) *Le Planétarium*, S. 412.
183) *Le Planétarium*, S. 472.
184) *Le Planétarium*, S. 519.
185) *Tu ne t'aimes pas*, S. 1163.

5. — Alors quel tour de force que d'arriver à nommer sur-le-champ chacun de ces instants, de réunir ces Bonheurs épars, de bien les serrer les uns contre les autres, d'en faire un bloc compact, énorme... « Vingt ans de bonheur... »[186]

6. — [...] Ici aucune protection, aucun signal d'alarme, on ne court aucun risque...[187]

7. — Regardez-les... Voyez ces purs, ces innocents...[188]

8. — C'est « délit » qui veut déloger son voisin, « crime »... Il le bouscule, il le pousse pour prendre sa place... « délit » l'emporte...
— « Crime » est chassé, il se fond dans la masse, il disparaît... « délit » reste...[189]

Diese für Sarraute typischen Reihungen[190] imitieren in sich wiederum die Sarrautesche Suchbewegung nach einem treffenden Vergleich. Einzelne Bildbereiche werden hier nur andeutungsweise aufgerufen und sollen sich in ihrer Gesamtheit zu einer Annäherung bzw. einer Assoziation der Gefühlsregung verdichten. In *Ouvrez* sind derartige Reihungen nicht mehr so häufig; sie beschränken sich in der Regel auf zwei Ausdrücke. Dies dürfte damit zusammenhängen, daß die Wechselrede in *Ouvrez* bewegter ist als in *Tu ne t'aimes pas*, so daß dem einzelnen Sprecher nicht so viel Raum bleibt, um passende Vergleiche zu finden. Die Begriffssuche findet mehr in einer Gemeinschaftsarbeit der Sprecher statt. Außerdem werden die Bilder, wie das Beispiel 8 zeigt, besser in das Gesamtbild des Textes eingebaut:

---

186) *Tu ne t'aimes pas*, S. 1176.
187) *Tu ne t'aimes pas*, S. 1212.
188) *Ouvrez*, S. 35.
189) *Ouvrez*, S. 56.
190) Béatrice Bloch spricht bei Sarraute von „multiples images en faisceaux". Bloch, S. 58.
   In einem Interview mit G. Serreau vergleicht Nathalie Sarraute ihre Technik mit der Kameraaufnahme: „[...] il faut un enregistrement d'images très nombreuses pour permettre de les projeter au ralenti devant le lecteur." Geneviève Serreau, „Nathalie Sarraute nous parle du ‚Planétarium'", *Les Lettres Nouvelles* 7 (1959), H. 9, 28–30, hier S. 29.
   Man kann diese Technik der Reihung auch auf die strukturelle Ebene übertragen: Sarraute reiht zur Verdeutlichung ihrer Idee vom Tropismus Beispiele aneinander. In *Tu ne t'aimes pas* z. B. häufen die Erzählerstimmen immer mehr Szenen und Exempel zur Lösung des Problems an. Vgl. hierzu auch (bzgl. *Enfance*): Françoise Calin, „Les voix narratives dans *Enfance*: Mise en question – et mise en page – de l'autobiographie", in: Sabine Raffy (Hrsg.), *Autour de Nathalie Sarraute*, S. 197–209, hier S. 199: „Des instants, des fragments, soit, mais qu'ils s'accumulent et que leur accumulation permette d'approcher la complexité du vécu."

statt einer Suche nach passenden Bildern wird das Bild des verdrängten Wörter-Akteurs „crime" gemäß seiner Personifizierung weiterentwickelt.

Auf der Ebene der ausführlicheren Vergleiche und Bilder schlägt Béatrice Bloch vor, unbestimmte („images indéterminées sur le plan sémiotique"), dramatisierte („images dramatisées") und verbale Bilder („images verbales") zu unterscheiden.[191]

3.1.3.2.1 Unbestimmte Bilder (*images indéterminées*)

Die unbestimmten Bilder zeichnen sich zumeist durch die Verwendung des Demonstrativpronomens „cela" oder des Begriffes „quelque chose" aus, wie folgende Beispiele zeigen:

9. C'est cela, il le sent maintenant, qui le paralyse, l'empêche de se lancer, cette masse lourde près de lui, une énorme poche enflée, tendue à craquer, qui pèse sur lui, qui appuie...[192]

10. Aussitôt la porte refermée [...] les barrages se rompent... Cela monte en elle, se répand... Elle sait ce que c'est, c'est la vieille sensation d'autrefois, sa peur à elle, toujours la même, cette terreur jamais effacée, qui revient, elle la reconnaît... [193]

11. — Des choses qu'il laisse au-dehors, elles ne doivent pas entrer... des choses qu'on ne discerne pas bien... on ne sait pas ce qu'elles sont, comment les désigner...
— C'est tout mou, flageolant, bourbeux, qu'on y mette le pied et on s'enlise... des marécages...[194]

12. — Il faut reconnaître maintenant qu'on avait éprouvé dès le début comme un très vague malaise...
— Quelque chose de très diffus... qui faisait douter de la parfaite innocence, de la spontanéité de ces joyeux compagnons...[195]

In den Beispielen wird jeweils nur ein sehr vages Bild aufgerufen, das sich (zunächst) nicht auf eine bestimmte Vorstellung festlegen läßt. So wird bei Beispiel 9 erst im Laufe des Textes klar werden, daß mit „masse lourde"

---

191) Bloch, S. 110ff.
192) *Le Planétarium*, S. 352.
193) *Le Planétarium*, S. 376.
194) *Tu ne t'aimes pas*, S. 1243.
195) *Ouvrez*, S. 50.

Giseles Vater gemeint ist, der durch seine abwehrende Haltung Alains Erzähl-Elan bremst. Der Textausschnitt gibt damit gleichzeitig ein Beispiel für die Motivierung von Bildern bei Sarraute: In Kapitel 21 wird „cette masse inerte"[196] wiederum eine Person – diesmal Gisèle – bezeichnen, die Alain in seiner Begeisterung hemmt. Beispiel 10 steht für eine Reihe von ähnlichen Fällen in *Le Planétarium*, wo eine zunächst völlig unklare Gefühlsregung von den Romanfiguren auf ein benennbares Gefühl reduziert wird („Elle sait ce que c'est, c'est [...]"). Behält man dabei im Auge, daß Sarraute solch reduzierende Benennungen ablehnt, dienen diese Passagen zugleich dazu, die Figuren in gewisser Weise bloßzustellen. Gerade Berthe betont immer wieder in Gemeinplätzen, daß sie sich selbst genau kenne.[197] In Beispiel 11 analysieren die Stimmen von *Tu ne t'aimes pas* den Satz eines Gegenübers «Oh, moi, vous savez, ces choses-là... ça me dépasse...»: Sie erforschen, was sich in „ces choses-là" verbirgt. Hier ist der Fall jedoch insofern anders geartet, als sich „ces choses-là" auf etwas zuvor Erzähltes bezieht. Dennoch bleiben die aufgerufenen Bildbereiche für sich genommen sehr unbestimmt. Ähnlich wird im zwölften Beispiel aus *Ouvrez* das zuvor mit „un très vague malaise" eingegrenzte Gefühl wieder durch den unbestimmteren Ausdruck „Quelque chose de très diffus" aufgelöst.

Sarraute verwendet die unbestimmten Bilder einerseits dazu, um das Herantasten der Vergleichssuche zu imitieren. Andererseits sind sie ein weiteres Beispiel für die *intellection différée*: Der Leser wir durch die unbestimmten Begriffe im Unklaren über den Sinn der Aussage gelassen; erst nachträglich kann er die verschiedenen Bilder zu einer vagen Vorstellung zusammenfassen.

3.1.3.2.2 Dramatisierte Bilder (*images dramatisées*)

Trotz der großen, für Sarraute typischen Verbreitung von „cela", „quelque chose" und ähnlicher unbestimmter Ausdrücke und Bilder in ihren Texten dürfte die Zahl der „images dramatisées", wie sie Bloch nennt, größer sein.

Bei diesen bietet es sich besonders an, bezüglich der Kenntlichmachung des Vergleichscharakters zu unterscheiden. Zum einen finden sich bei Sarraute Beispiele, in denen Vergleiche als solche explizit kenntlich gemacht werden:

13. Elle a mal. Il lui fait très mal... Elle ne peut pas supporter cette douleur... C'est comme un scalpel qui coupe sa chair,

---

196) *Le Planétarium*, S. 510.
197) Siehe hierzu meine Ausführungen in Kapitel 3.1.1.3, S. 35, Fußnote 37.

elle se débat, [...]¹⁹⁸

14. « Mme Germaine Lemaire est-elle notre Mme Tussaud ? » Comme les leucocytes, comme les anticorps qu'un organisme sain produit pour se défendre dès qu'un microbe nocif s'y est introduit, un ruissellement de rires, de plaisanteries avait jailli...[199]

15. Comme une femme abandonnée sur les ruines de sa maison qu'une bombe a soufflée, fixe d'un œil hébété, au milieu des décombres, n'importe quoi, un objet quelquonque, [...] elle fixe d'un œil vide, au milieu de la page qu'elle n'a pas achevée, une phrase [...][200]

16. — Et ces paroles aussitôt réveillent en nous... comme le roulement du tambour qui fait accourir les soldats... [...] Une cour d'honneur, une esplanade sur laquelle nous le regardons caracoler...
[...] — Pas des ordres criés à voix haute... c'est ici que s'arrête la comparaison...[201]

17. — Mais quand [...] se trouve auprès de nous quelque pauvre démuni, ébaubi, en qui... devant le Bonheur affiché sur ces mains qui s'étreignent, sur ces regards qui se rencontrent... se met à s'agiter quelque chose...
— On dirait un chien qu'on taquine avec un morceau de sucre, ses yeux luisent, sa bave coule, il saute en l'air, se tend...[202]

18. — On ne s'en est pas bien rendu compte... ils se sont comme d'eux-mêmes dilués dans des masses informes... des « nous », des « vous »... faits de nombreux éléments semblables...
— Comme des bancs de poissons de même espèce, des vols d'oiseaux qui se déplacent d'un même mouvement, des groupements dont les membres ont les mêmes tendances ...[203]

19. — Il avait surgi de l'autre côté comme un démon... Un

---

198) *Le Planétarium*, S. 412.
199) *Le Planétarium*, S. 448.
200) *Le Planétarium*, S. 450.
201) *Tu ne t'aimes pas*, S. 1158.
202) *Tu ne t'aimes pas*, S. 1188f.
203) *Tu ne t'aimes pas*, S. 1203.

dément échappé de l'asile...²⁰⁴

20. — [...] «Au revoir» se met à dégager comme une douce et tiède vapeur.
— «Au revoir» les recouvre d'une fine buée...
— «Au revoir» les humecte de promesses tendres...²⁰⁵

21. — [...] Un instant de silence et puis un «Au revoir» répond comme un écho...
— Oh, non, ce ne pouvait pas être un écho...
— C'est vrai, c'était un «Au revoir» glacé...
— Oui... On voit... une vraie petite stalactite...
— On aurait dit que son bout, «revoir», s'était détaché, était tombé, s'était pulvérisé... [...]²⁰⁶

22. — Et le silence, il faut surtout se dépêcher de le meubler...
— Et ils le meublent... ils n'en laissent pas une parcelle qu'ils ne remplissent aussitôt...
— On dirait qu'ils ont trouvé un grand garde-meuble où ils déposent, entassent tout ce qu'ils avaient chez eux...
— Non, c'est «meubler» qui a attiré, entraîné garde-meuble... Ils sont plutôt pareils à une invasion d'insectes [...]²⁰⁷

Sarraute verwendet hier Wendungen wie „comme" (Beispiele 13–16, 18–21) oder „on dirait", „On aurait dit" (Beispiele 17, 21–22), um den Vergleichscharakter des Bildes bewußt zu machen. An den Beispielen fällt aber bereits auf, daß Sarraute häufig von einem expliziten Vergleich zu einer immer stärker ausgeweiteten Metapher hinüberwechselt (Beispiele 16, 19–21). In Beispiel 16 werden zunächst die Worte mit dem Trommeln verglichen, um sodann den damit aufgerufenen militärischen Bildbereich unabhängig vom *tertium comparationis* Klang fortzuführen. Die Metaphern entwickeln häufig eine Eigendynamik, der in *Tu ne t'aimes pas* und *Ouvrez* explizit Einhalt geboten wird, wie hier in Beispiel 16, 21 und 22. In Beispiel 22 verbessert und bremst eine Stimme die andere in deren Elan, einen Vergleich zu weit zu treiben, und schlägt eine erneute Annäherung mittels eines anderen Vergleichs vor. Indem die Wörter-Akteure untereinander auf die Inadäquatheit einzelner Vergleiche hinweisen, spricht Sarraute das Problem der Umsetzung von Tropismen in Sprache explizit an.²⁰⁸

---
204) *Ouvrez*, S. 23.
205) *Ouvrez*, S. 25.
206) *Ouvrez*, S. 26.
207) *Ouvrez*, S. 55f.
208) Besonders intensiv geschieht diese Auseinandersetzung mit der (In-)Adäquatheit

In *Le Planétarium* verwendet Sarraute zudem noch aus der Literatur explizit übernommene Bildbereiche: In diesen Fällen wird der Vergleich dem Bewußtsein einer Romanfigur zugeordnet, die eine Situation in Gedanken mit einem gelesenen Buch oder gesehenen Theaterstück in Verbindung bringt. Gisèle vergleicht die entsprechende Situation mit einem früher gesehenen Theaterstück[209], Berthe mit den Indianerbüchern ihrer Kindheit[210] und Pierre mit einem Kriminalroman[211].

Grundsätzlich sind Metaphern, d. h. Bilder ohne direkten Hinweis auf den Vergleichscharakter, jedoch bei Sarraute häufiger. Metaphern reichen bei Sarraute von den zuvor genannten Reihungen von Bildbereichen bis zu den geradezu allegorisch zu nennenden Gesamtisotopien von *Tu ne t'aimes pas* und *Ouvrez*. In *Le Planétarium* findet sich gleich zu Beginn eine stark ausgeweitete Metapher, die parallel zum äußeren Geschehen ausgebaut wird: Berthe empfindet hier das Verhalten der Träger und ihre eigene Hilflosigkeit wie die Situation in einem eroberten Land; die Träger benehmen sich wie Eroberer, die sie, die sie vor den Resten ihrer Existenz steht, herablassend behandeln.[212] Die Dramatik der Metaphern steht zumeist in einem auffallenden Gegensatz zur Nichtigkeit des auslösenden Moments. Sie führt zuweilen zu komischen Effekten, wie im folgenden Beispiel:

> Alain... Et elle [= Gisèle, F. d. P.] lui [à Pierre, F. d. P.] a tout pris... usurpatrice... voleuse d'enfants... vieille femme tout en noir, visage blafard, mains crochues, œil luisant et fixe de maniaque, guettant les poupons innocents qui jouent aux pâtés dans les squares, emportant son petit, le berçant durement pour qu'il se taise, lui chuchotant pour le calmer, pour qu'on n'entende pas ses cris, ses appels... a-t-elle jamais su aimer, bercer son enfant?...
> La honte, la rage la font rougir. Rien à perdre maintenant. Entre nous, entre vieilles gens qui en savent long, qui connaissent la vie, pas de ménagements, n'est-ce pas? [...] Voleuse? Mais il veut rire... le beau trésor, entre nous... il aurait pu le garder... un poupon, c'est vrai, un nourrisson couvé, sans force... un gosse capricieux... La vérité longtemps comprimée,

---

von Wörtern, Sätzen, Metaphern natürlich in *Enfance*, wo die dem eigentlich erzählenden Ich (Sarraute der Gegenwart) gegenübergestellte Stimme (in der Hörspielfassung die junge Sarraute) stets über die Richtigkeit und Angemessenheit der Ausdrücke wacht.

209) *Le Planétarium*, S. 382f.
210) *Le Planétarium*, S. 464.
211) *Le Planétarium*, S. 496f.
212) *Le Planétarium*, S. 346ff.

l'horrible réalité qu'elle écrasait se délivre, se gonfle, elle sent
une boule dans la gorge...[213]

Sarraute läßt hier Gisèles Empfinden eine interne Fokalisierung auf Alains
Vater Pierre ausführen. Gisèle fühlt in den Worten und Verhalten Pierres
eine Haltung ihr gegenüber heraus, der Sarraute das Bild der alten, hexenhaften Kindsräuberin gibt. Diese Metapher steht im Kontrast zum tatsächlichen Aussehen und Alter der jungen Frau. Wie so oft weitet Sarraute
die Metapher immer weiter aus, so daß es zum Schluß zu der komischen
Wendung kommt, daß sich Gisèle mit Alains Vater bezüglich Alter und Erfahrung auf eine Stufe stellt: „Entre nous, entre vieilles gens qui en savent
long, qui connaissent la vie [...]".

Tu ne t'aimes pas und *Ouvrez* unterscheiden sich bezüglich der Bildhaftigkeit von allen anderen Romanen: Hier finden sich Vergleiche und
Metaphern nicht nur innerhalb des *récit*, sondern der Gesamttext bildet
eine Metapher. *Tu ne t'aimes pas* entwickelt einen metaphorischen Raum
des multiplen Ichs, der sich in das innere Hier der Stimmen und das äußere
Dort der anderen Menschen aufteilt. Eine wichtige Rolle spielt dabei die
Abgrenzung der Bereiche: Das Ich sieht sich als „espace ouvert"[214], der
sich nicht von der Außenwelt abzugrenzen weiß, während die Sich-selbst-Liebenden sich klar von ihrer Umgebung abheben. Diese Metaphorik wird
über den Gesamttext weiter ausgebaut. So erfährt der Leser, daß es im
Inneren Platz gibt, um sich zu verstecken, oder daß sich dort Regale befinden, wo Dinge aufgehoben werden.[215]

Ouvrez verfährt ähnlich, nur daß hier die Gesamtisotopie bereits im
Vorwort festgelegt wird.[216] Der Raum wird auch hier in Innen und Außen
beziehungsweise in Diesseits und Jenseits der immer wieder neu errichteten
Mauer aufgeteilt. Die Gesamtisotopie entwickelt das Bild einer höfischen
Umgebung, in der Besucher zeremoniell empfangen, Turniere veranstaltet werden, und wo es immer wieder zu Angriffen der Gegenseite kommt.
Die Gesamtisotopie bestimmt zum großen Teil die Metaphorik der Einzelszenen, die in das Gesamtbild eingepaßt werden. Gemäß der höfischen
Gesamtisotopie ist das gegebene Wort zum Beispiel eine Festung, in der
sich manche Wörter-Akteure verschanzen.[217]

In ihrer Wirkung unterscheiden sich expliziter Vergleich und Metapher bezüglich der Ausrichtung im zuvor beschriebenen Spannungsfeld

---

213) *Le Planétarium*, S. 421.
214) *Tu ne t'aimes pas*, S. 1170.
215) *Tu ne t'aimes pas*, z. B. S. 1251.
216) *Ouvrez*, S. 9.
217) *Ouvrez*, Kapitel I.

von Sprache und Tropismus: Während der Vergleich die Inadäquatheit der Sprache und die Suchbewegung betont, ist die Metapher eher ein Versuch, den Leser ohne Vorwarnung in die Welt des Tropismus zu werfen.[218] Durch den unvermittelten Übergang von der Außen- oder Gedankenwelt zum Bildbereich des Tropismus wird der Leser aller Anhaltspunkte beraubt und kann sich erst nachträglich orientieren. Die Metapher bei Sarraute wird somit wiederum zu einer Spielart der *intellection différée*.

Bloch hält die „images dramatisées" für weniger suggestiv wirksam als die unbestimmten Bilder. Ihrer Meinung nach sind die dramatisierten Bilder zu konkret, um dem Leser Raum für tatsächliche, eigene Gefühlsregungen zu lassen. Hierfür bedürfte es der Unbestimmtheit der „images indéterminées".[219] Dieser Ansicht gilt es jedoch insofern zu widersprechen, als die dramatisierten Bilder bei Sarraute selten so konkret sind, wie es Bloch andeutet. Sarraute erzeugt auch bei diesen Bildern stets eine gewisse Unbestimmtheit, indem sie nicht deckungsgleiche Bilder aneinanderreiht oder dem zuvor aufgerufenen Bild bewußt widerspricht. Der Leser wird unvorbereitet von einem Bildbereich beziehungsweise einer Realitätsebene (Außengeschehen, Gedanken oder Tropismus) in den nächsten gestoßen, ohne daß er zunächst weiß, worum es sich handelt und ohne daß ihm im Augenblick des Lesens die Muße bliebe, die einzelnen Bildbereiche rational zu erfassen. So bewirkt allein die Umkehrung von Bild und Bezeichnetem in der folgenden, bereits zitierten Passage beim Leser eine gewisse Verwirrung:

> On sonne... c'est à la porte de la cuisine... Le voyageur égaré dans le désert qui perçoit une lumière, un bruit de pas, éprouve cette joie mêlée d'appréhension qui monte en elle tandis qu'elle court, ouvre la porte...[220]

---

218) Vgl. Gerda Zeltner-Neukomm, *Die eigenmächtige Sprache. Zur Poetik des Nouveau Roman*, Olten u. Freiburg: Walter, 1965, S. 28:
   Denn die Metapher besitzt den Vorzug, nicht rein analytisch und linear zu sein, sich vielmehr gerade diesem Linearen, das aller Rede anhaftet, zu widersetzen, indem es eine konkrete Einheit bildet, die es dem inneren Auge ermöglicht, alles in einem einzigen Blick zu umspannen. Freilich, durch seine linguistische Ausdehnung entstellt auch das Bild die psychischen Gebärden, die sich ja nur im Moment vollziehen; jedoch geschieht diese Ausdehnung hier ein wenig in der Art eines Fächers, der seine Bilderschrift in einer einzigen Gebärde und von einem einzigen Strahlungspunkt her entfaltet.

219) S. Bloch, S. 113f.
220) *Le Planétarium*, S. 345.

Ähnlich verfährt Sarraute auch in den obigen Beispielen 14 und 15, bei denen der Leser ebenfalls erst nachträglich erkennen kann, auf was sich die Bilder beziehen.[221]

Die Metaphorik von *Ouvrez* widerspricht Blochs Hypothese besonders, da hier zwar über den ganzen Text ein konkretes Bild (Innen versus Außen einer höfisches Umgebung) aufrechterhalten wird, dieses Bild aber keine wirkliche Orientierungshilfe zum Verständnis bietet. Das Bild der höfischen Räume mit seinen Kämpfen zwischen Wörtern entspringt mehr einer spielerischen Absicht als einem konkreten Vergleich. Die Sprache bleibt die ganze Zeit dieser Bildlichkeit verhaftet, so daß der Leser zwar versuchen kann, die Einzelszenen auf eine konkrete Gesprächssituation zurückzuführen, was aber nicht hundertprozentig möglich ist. Auch ohne das Mittel der *intellection différée* bliebe die Bildhaftigkeit immer unbestimmt. In *Ouvrez* hat die Bilderwelt Sarrautes eine ludische Eigendynamik entwickelt, die die schon zuvor feststellbare Eigendynamik von Metaphern bei Sarraute auf die Spitze treibt.

3.1.3.2.3 Verbale Bilder (*images verbales*)

Gleichfalls bietet *Ouvrez* bevorzugt Raum für Sprachspiele. Immer wieder erreicht Sarraute komische Effekte, wenn sie Redewendungen wortwörtlich nimmt und in die darin enthaltenen Bilder überführt. *Ouvrez* ist hierfür besonders geeignet, da in diesem Werk Wörter (aus denen Redewendungen bestehen) selbst handeln. Als Beispiele mögen folgende zwei Ausschnitte dienen:

23. — [...] Alors comme un acteur au théâtre, quand celui qui devait parler avant lui a oublié, a «eu un trou», il enchaîne...
— Un trou? Mais de quoi parles-tu? Nous, tombés dans un trou? Mais on était tous là...[222]

24. — Exagérer! Mais vous ne sentez pas ce qui de l'autre côté est en train de se répandre... c'est comme une vapeur chaude, étouffante...
— Oui, ce sont de ces mots dont on dit qu'ils «vous donnent chaud»... Voyez comme les saints s'essuient...[223]

---

221) Bei Beispiel 15 ist auch interessant, daß hier die Fokalisierung uneindeutig bleibt: es kann sich sowohl um ein Bild für die Gefühlslage von Germaine Lemaire als auch um den Blick des Erzählers von außen auf die Person handeln.
222) *Ouvrez*, S. 26.
223) *Ouvrez*, S. 37.

Das jeweilige Bild der Redewendungen wird hier in die Metaphorik der Gesamtisotopie überführt: Die Wörter-Akteure in Beispiel 23 nehmen die Redewendung als Behauptung wörtlich. Die heiligen Märtyrer-Wörter aus Beispiel 24 sind wirklich von heißem Dampf umgeben, der sie schwitzen läßt. Das zunächst im Vergleich („comme une vapeur") und dann in der Redewendung enthaltene Bild trägt hier zur Weiterentwicklung der Handlung bei: Die eingeschlossenen Wörter-Akteure möchten den Heiligen eben wegen dieses Dampfes zu Hilfe eilen.

Die Wortspiele in *Ouvrez* spielen wegen des Gesamtbildes von agierenden und sprechenden Wörtern eine andere Rolle als in *Le Planétarium* und *Tu ne t'aimes pas*. In *Ouvrez* betreffen Redewendungen die Wörter-Akteure quasi persönlich, da sie ja Bilder zum „Leben" der „animots" sind. In *Tu ne t'aimes pas* betreffen die wörtlich genommenen Redewendungen hingegen Personen, auch wenn hier schon der gleiche spielerische Hintersinn anzutreffen ist:

> 17. — [...] Qu'apporte-t-il là ? [...] Mais c'est un vérité... de celles qu'on « sort » quand on dit: « Je lui ai sorti ses quatre vérités »... et il la sort et veut l'appliquer au maître de céans ou à un de ses enfants ou petits-enfants...[224]

In *Le Planétarium* übernimmt im Gegensatz zu *Tu ne t'aimes pas* und *Ouvrez* kein *personnage* die Verantwortung für Sprachspielereien. Hier sind sie vielmehr Ausdruck der Anwesenheit eines Erzählers, der sich mit einem Augenzwinkern bemerkbar macht:

> 25. [La mère de Gisèle dit, F.d.P.:] « Il faut regarder les choses en face. » Elles [Gisèle + sa mère, F.d.P.] regardent.[225]

Neben dem rein ludischen Aspekt verfolgen die Sprachspiele das Ziel, die Konventionalität von Sprache bloßzustellen. Sarraute versucht mittels der Sprachspiele, die Starrheit der feststehenden Ausdrücke wieder aufzubrechen und den Leser für die Konventionalität von Sprache zu sensibilisieren.

3.1.3.2.4 Themenbereiche der Bilder

In Sarrautes Werk lassen sich einige immer wiederkehrende Themenbereiche der Bilder erkennen: Viele Bilder entstammen dem medizinischen

---
224) *Tu ne t'aimes pas*, S. 1170.
225) *Le Planétarium*, S. 375.

(oder allgemein wissenschaftlichen)[226], kriegerischen[227] und animalischen Bereich, wie z. B. der Leukozyten-Vergleich in Beispiel 14, das Bild des eroberten Landes in *Le Planétarium* (siehe S. 78 der vorliegenden Arbeit) und der Vergleich mit einem Hund in Beispiel 17.

Gemäß dem zwischenmenschlichen Verhältnis von Agression und Unterwerfung finden sich auch viele Bilder aus den Bereichen Polizei (Verhaftung, Eingesperrtsein) und Justiz (Anklage, Verurteilung).[228]

Daneben entleiht Sarraute einige Bilder und Vergleiche der Literatur und dem Märchen, wie die Beispiele der Vergleiche mit gelesenen Büchern gezeigt haben (siehe S. 78 der vorliegenden Arbeit). Ein immer wiederkehrendes Märchenmotiv wäre beispielsweise der kleine Däumling.[229]

Einen besonders wichtigen Bildbereich stellt der Blick bei Sarraute dar. Wie in Kapitel 3.1.2.2.1 (Distanz) bereits erwähnt, findet sich zum einen die Bedeutung von Sprechen für „regarder" im Umfeld von direkter Rede.[230] An anderen Stellen steht „regarder" jedoch für „analysieren, untersuchen" wie in Beispiel 25. Diese Bedeutung findet ihre Verbreitung vor allem in *Tu ne t'aimes pas*, wo dann „avoir vu" auch für die Erkenntnis steht.[231] Besonders wichtig ist der „regard" im Verhältnis der Menschen untereinander: Hier spielt er die Rolle des Fixierers; mittels seiner reduzieren die Menschen andere auf ein festes Bild.

---

226) Jacques Dupont faßt verschiedene Bildbereiche auch unter dem Aspekt des Körpers zusammen: Jacques Dupont, „Corps de l'œuvre, corps à l'œuvre", in: Sabine Raffy (Hrsg.), *Autour de Nathalie Sarraute*, S. 91–100.
227) Zur Gewalttätigkeit der Bilder bei Sarraute siehe z. B. Gerda Zeltner, „Nathalie Sarraute", in: Wolf-Dieter Lange (Hrsg.), *Französische Literatur der Gegenwart. In Einzeldarstellungen*, Stuttgart: Kröner, 1971, S. 287-311, hier S. 300f.
228) Siehe Anthony S. Newman, „Le sentiment de culpabilité: Domaine tropismique par excellence?", *L'esprit créateur* 36 (1996), H. 2, 89–102, hier S. 99f.
229) Zum Beispiel in *Tu ne t'aimes pas*, S. 1179.
230) Siehe S. 50, meine Fußnote 103.
231) Diese Gleichsetzung von Sehen und Erkenntnis scheint Sarraute aus Rainer Maria Rilkes *Die Aufzeichnungen des Malte Laurids Brigge*, das sie zu ihren Lieblingsbüchern zählt, zu übernehmen: Zu Beginn des Romans z. B. verkündet der Ich-Erzähler „Ich lerne sehen." (Rainer Maria Rilke, *Die Aufzeichnungen des Malte Laurids Brigge*, herausgegeben von Bettina Hesse, Köln: Könemann, 1999, S. 9.) Beispiel übernommen aus: Alan J. Clayton, „Nathalie Sarraute et R. M. Rilke. Une course de relais jamais interrompue", in: Roger-Michel Allemand (Hrsg.), *Le « Nouveau Roman » en questions. « Nouveau Roman » et archétypes*, Bd. 2 Paris: Lettres Modernes, 1993, S. 67–92, hier S. 85f.

3.1.3.3 Weitere semantisch bedeutsame Bestandteile

3.1.3.3.1 Typographie

Wie bereits in Kapitel 3.1.2.2.1 (Distanz) anhand der Unterscheidung von Diskursarten mittels typographischer Kennzeichnung (oder eben auch der Ambiguität durch Nicht-Kennzeichnung) beschrieben, spielt die Typographie bei Sarrautes Texten eine nicht unwesentliche Rolle. Die auffälligsten Merkmale sind neben der Dialogkennzeichnung durch Gedankenstriche die drei Auslassungspunkte und die typographischen Leerstellen. Für Sarraute stellen die Auslassungspunkte eine Möglichkeit dar, den Sätzen einen schnelleren Rhythmus zu verleihen und der sprachlichen Vollendung, die den Tropismus erstarren ließe, entgegenzuwirken:

> Il s'agit pour moi de traduire des mouvements toujours interrompus, en suspens, des sensations qui se chevauchent, s'enchaînent à toute allure. Il faut faire vite, c'est pressé... De plus, si la phrase était achevée, elle arriverait à se figer dans une rigueur grammaticale de l'ordre du devoir français. Quand le lecteur devine la fin de la phrase, ce n'est pas la peine que je la finisse. Ça donne aussi cette sorte de tremblement à la forme, qui est essentiel...[232]

Was auf der Satzebene die Auslassungspunkte, sind auf der Absatzebene die typographischen Leerstellen. In *Le Planétarium* dient die Absatzgliederung häufig zur Kennzeichnung des Perspektivenwechsels. Die Leerräume lassen in diesem Falle den expliziten Übergang von einer Perspektive zur anderen aus, so daß der Leser jedesmal erneut orientierungslos ist. Neben dieser inhaltlichen Funktion dienen Leerräume bei Sarrautes Texten aber auch häufig nur dazu, das Erscheinungsbild des Textes aufzulockern. In *Tu ne t'aimes pas* unterteilen die Leerräume den Text in Gedankengänge; sie bestimmen das (offene) Ende einer Überlegung. Die Leerräume in *Ouvrez* wiederum übernehmen häufig die Rolle des Auslassens eines gewissen Zeitraums, in dem Handlung stattfindet, welche dann erst nachträglich von den Wörter-Akteuren referiert wird.

3.1.3.3.2 Rhythmus

Die Auslassungspunkte bestimmen zusammen mit den Reihungen und einem Teil der Gedankenstrichen einen immer wieder stockenden Sprach-

---

[232] Aussage Sarrautes in einem Interview mit Jean Louis Ezine, *Les Ecrivains sur la sellette*, Paris: Seuil, 1981, S. 36f.

rhythmus, der eine Suchbewegung imitiert. Auf der Suche nach den passenden Worten und Bildern stocken die Sätze und beginnen immer wieder von Neuem mit der Annäherung.

3.1.3.3.3 Titelaussage

Zum Schluß sei noch der Bedeutungsträger Titel erwähnt. Außer *Tropismes*, *Le Planétarium*, *Enfance* und *L'Usage de la parole* finden sich alle titelgebenden Ausdrücke im Text selbst wieder: *Portrait d'un inconnu*, *Martereau* und *Les Fruits d'or* bezeichnen jeweils einen Gegenstand des Romans: im ersten Falle ein Gemälde, im zweiten eine Romanfigur und im dritten einen Buchtitel. Diese Gegenstände sind Tropismenauslöser, wie auch die im Titel wiederaufgenommenen Sätze *Vous les entendez ?*, «*disent les imbéciles*» und *Tu ne t'aimes pas*. *Entre la vie et la mort*, *Ici* und *Ouvrez*[233] übernehmen ebenfalls Worte aus dem entsprechenden Roman, betreffen aber mehr den thematischen Inhalt: *Entre la vie et la mort* die Situation des Schriftstellers, *Ici* das Innere der Hauptperson und *Ouvrez* den steten Ruf der Wörter-Akteure nach Freiheit. Die Titel *Tropismes*, *Le Planétarium*, *Enfance* und *L'Usage de la parole* sind rein thematisch: Die ersten beiden benennen ihr Thema metaphorisch (Gefühlsregungen und künstliche *personnage*-Welt); *Enfance* und *L'Usage de la parole* sprechen das Thema direkt an. Sarrautes Titel beziehen sich also nicht nur stets sehr eng auf den folgenden Inhalt, sondern benennen in den meisten Fällen bereits den Haupt-Tropismenauslöser. Sie bieten somit einen Deutungshinweis auf den von Sarraute intendierten Schwerpunkt der Romane, sozusagen einen ersten Wegweiser auf dem Weg in Sarrautes tropismale Welt.[234]

---

233) Zum Titel *Ouvrez* bemerkt Hélène Cixous, daß dieser (vor der Lektüre) mehrdeutig sei. Er stelle den Leser vor diverse Fragen, wie: Wer wird angesprochen (der Leser oder jemand anderes? – „ihr" oder „Sie")? Was soll geöffnet werden? etc. Hélène Cixous, „À celle qui me parle", *Littérature* 118 (2000), H. Juni, 7–10, hier S. 7f. Die Betonung dieser Mehrdeutigkeit geht mit dem deutschen Titel *Aufmachen* in gewisser Weise verloren.
234) Siehe auch: Léonard, S. 141ff.
   Eine etwas andere Titelinterpretation findet sich bei: Germaine Brée, „Le ‚for intérieur' et la traversée du siècle", *L'esprit créateur* 36 (1996), H. 2, 37–43, hier S. 40f.

3.2 Suggestivität der Techniken?

Mireille Calle-Gruber faßt Sarrautes Erneuerung literarischer Techniken wie folgt zusammen:

> Une inversion paradoxale [...] est à l'œuvre: là où le lecteur est habitué aux protocoles de la représentation, Sarraute manie l'abstraction, mais elle recourt aux concrètes images là où la psychologie en reste à vague adjectivation. De sorte que d'une part, l'écrivain s'attaque à tout ce que le roman a inventé de formes pour désigner – recherchant ainsi, curieusement, *une subjectivité dans l'anonymat*. Mais que d'autre part, partout où le commentaire d'auteur monnaye d'ordinaire les mouvements intérieurs en attributs catégoriques, Nathalie Sarraute choisit rythmes, comparaisons, métaphores, liant ainsi indissociablement *l'écriture des tropismes aux tropes*.[235]

Diese Erneuerung ist jedoch keine formalistische Spielerei, sondern verfolgt das konkrete Ziel, den Leser die flüchtigen Gefühlsregungen der Tropismen selbst erfahren zu lassen, ihn suggestiv zu beeinflussen.[236] Sarraute gibt einer Form den Vorzug, die die unsichtbare Realität mit der Kraft ausstattet,

> de briser toutes les résistances que lui opposent les habitudes de sentir des lecteurs et de parvenir jusqu'à ces régions de leur subconscient ou de leur inconscient, où elle s'implante, où elle se nourrit, où elle prend vie.[237]

Es bleibt nun also nach Darstellung der Techniken in Sarrautes Werken zu fragen, inwiefern man diese als suggestiv bezeichnen darf.

Suggestion verfolgt zwei Zielrichtungen: Zum einen soll die „krit[ische] Beobachtung und Verstandeskontrolle" herabgesetzt werden, um zum anderen „best[immte] Empfindungen, Gedanken, Vorstellungen, Willenshaltungen und Verhaltensweisen" hervorzurufen. Methoden der Suggestion sind unter anderem häufige Wiederholung sowie Emotionalisierung mittels Verwendung ausdrucksstarker Bilder, Begriffe und Schlagwörter.[238]

---

235) Calle-Gruber, S. 128.
236) Vgl. Michel Baude, „Le monde de silence dans l'œuvre romanesque de Nathalie Sarraute", in: Sabine Raffy (Hrsg.), *Autour de Nathalie Sarraute*, S. 179–195, hier S. 190: „Le langage du silence, c'est par conséquent le langage de la suggestion. Il n'est pas possible de nommer l'innommé, il faut l'évoquer, le faire deviner."
237) „Roman et réalité", S. 1645.
238) *dtv-Lexikon in 20 Bänden*, Mannheim, München: Brockhaus, dtv, 1999, Bd. 18, S. 19.

Überträgt man das Konzept der Suggestion auf Sarrautes Werk, lassen sich die in Kapitel 3.1 vorgestellten Techniken den beiden Komponenten der Suggestion zuordnen.

Sarraute versucht in einem ersten Schritt den Leser von seinem am traditionellen Roman geübten Leseverhalten abzubringen. Indem sie die typischen Romanbestandteile Handlung, Handlungsorte und Romanfiguren unterminiert[239], sucht sie das rationale Lesen, welches der Beantwortung der Fragen Wer?, Was?, Wann?, Wo? etc. folgt, zu unterbinden. Um den Blick des Lesers auf die Mikropsychologie des Tropismus zu lenken, weitet Sarraute den *récit* der Null-Zeit des Tropismus im Verhältnis zum *récit* der Außenhandlung unmäßig aus[240] und läßt den *récit* der inneren Vorgänge der Chronologie der Gedanken und des Vor-Bewußten folgen[241]. Das gleiche Ziel verfolgt sie durch ihren speziellen Gebrauch des *récit d'événements* und *de paroles*[242]: Mithilfe der *sous-conversation* wird durch einen anonymen Erzähler in Worte gefaßt, was im vorbewußten Inneren der Person vorgeht, während die Außenhandlung nur noch die Kontrastfolie zum inneren Geschehen bildet. Durch eine strikte interne Fokalisierung auf die Romanfiguren[243] reduziert Sarraute das Blickfeld des Lesers auf die Gedanken und inneren Regungen der jeweiligen Person und erschwert so ebenfalls eine rationale Betrachtung der Geschehen und Personen von außen. Mittels einer *narration simultanée*[244] versucht Sarraute, eine Illusion der Gleichzeitigkeit von Lektüre und Tropismenerfahrung zu erzeugen. Der Leser soll direkt den Wendungen der inneren Regung folgen können. All diese Techniken dienen dazu, den Leser der Möglichkeit zu berauben, sich rational zu orientieren: Mittels dieser *intellection différée*[245], das heißt des Umstandes, daß der Leser erst im Nachhinein erkennen kann, was wo aus wessen Perspektive wahrgenommen wird, soll der Leser dazu gebracht werden, sich ganz auf die Wendungen der inneren Bewegungen und die assoziative Wirkung der Bilder einzulassen.[246]

---

239) Siehe Kapitel 3.1.1 (Ebene der Geschichte), S. 29ff.
240) Siehe Kapitel 3.1.2.1.2 (Dauer), S. 42ff.
241) Siehe Kapitel 3.1.2.1.1 (Ordnung), S. 38ff.
242) Siehe Kapitel 3.1.2.2.1 (Distanz), S. 43ff.
243) Siehe Kapitel 3.1.2.2.2 (Fokalisierung), S. 55ff.
244) Siehe Kapitel 3.1.2.4 (Zeit der Narration), S. 69.
245) Siehe S. 57ff.
246) Vgl. Sarrautes Aussage in „La littérature aujourd'hui", in: *Œuvres complètes*, S. 1656–1663, hier S. 1662:
    [...] Mais on doit parler d'*existence* si le lecteur peut les vivre [les tropismes, F. d. P.] à partir de leur éclosion, à travers les phases de leur développement et jusqu'à leur aboutissement, *sans savoir ni ce qu'ils sont, ni où ils vont*. (2. Hervorhebung von mir, F. d. P.)

Während dies alles vor allem für die Romane bis «*disent les imbéciles*» sowie *Ici* gilt, wird anhand des Erzählers[247] jedoch deutlich, daß Sarraute in ihrem Gesamtwerk zwei unterschiedliche Wege beschreitet: Während sie mit *Le Planétarium* vom Ich-Erzähler Abschied nimmt, um die Existenz einer narrativen Instanz, die einen gedanklichen Abstand vom Erzählten oder eine gewisse rationale Verarbeitung bedeutete, zu verschleiern[248], vermittelt sie in *L'Usage de la parole* ihre Idee der Tropismenexistenz über einen den Leser ansprechenden Erzähler, und überträgt sie in *Enfance*, *Tu ne t'aimes pas* und *Ouvrez* die Rolle des Informationsverarbeiters intradiegetischen Erzählerstimmen. Während in den meisten Romanen also die Abschaltung aller suggestionshindernder, eine rationale Verarbeitung fördernder Elemente verfolgt wurde, beschreitet Sarraute in den vier genannten Werken eine für den Leser explizitere, tropismenluzide Darstellung der inneren Regungen. Was in den früheren Romanen unbewußt empfunden werden sollte, wird nun diskutiert und bewußter abgehandelt. Die Stimmen stellen offen die Frage nach dem Wesen der Tropismen und der Sprache.[249]

Den eigentlichen Suggestionseffekt versuchen die semantischen Bestandteile zu erfüllen. Die Techniken, die unter Kapitel 3.1.3 abgehandelt wurden[250], dienen hauptsächlich der Erzeugung von affektiven Assoziationen beim Leser.[251] Während die oben beschriebenen Methoden

---

247) Siehe Kapitel 3.1.2.3 (*Voix*), S. 64ff.
248) An dieser Stelle sollte vielleicht erwähnt werden, daß gemäß Genette durch die strukturellen Verfahrensweisen Sarrautes ein hoher Grad an mimetischer Illusion erreicht werden müßte. Genette nennt die Verschleierung der Erzählinstanz, Detailreichtum des *récit* sowie Erwähnung unnützer Details als besonders illusionsstiftend (Genette, *Nouveau Discours du Récit*, S. 31f.). Insofern ließe sich behaupten, daß die genannten Techniken nicht nur die rationale Verarbeitung hemmten, sondern auch mimetische Illusion stifteten. Bedenkt man jedoch die Epochenabhängigkeit von Illusionswirkung verschiedener literarischer Methoden, dürfte bei einem am traditionell geschulten Leser mit seiner Erwartung an Intrige und Romanfiguren wohl eher mit einer Illusionsabnahme gerechnet werden.
249) Vgl. bzgl. *Tu ne t'aimes pas* folgende Aussage von Carola Hilmes:
> Die Lektüre von *Du liebst dich nicht* ist auf Assoziationen angewiesen, allerdings nicht auf gefühliges Nachvollziehen, Mitleiden und Ausmalen, sondern auf präzise Analyse und intellektuelle Verknüpfung.

Carola Hilmes, „Die Polyphonie des Ich. Überlegungen zu *Tu ne t'aimes pas* von Nathalie Sarraute", *Zeitschrift für Literaturwissenschaft und Linguistik* 25 (1995), H. 99, 116–123, hier S. 122.
250) Siehe S. 70ff.
251) Vgl. Baude, S. 193:
> [...] le langage de Nathalie Sarraute est plus connotatif que dénotatif: il communique, non des concepts, mais des sensations et des émotions. Grâce à ses pouvoirs de suggestion, il met en lumière ce qui est du domaine du silence.

in der Hauptsache die Textbestandteile, die eine rationale Verarbeitung des im Augenblick Gelesenen fördern, unterminieren sollen, verfolgen Bilder, Rhythmus und Klang das Ziel, beim Leser bestimmte Empfindungen wachzurufen. Die Reaktion der Romanfiguren auf die von Sarraute zusammengetragenen tropismenauslösenden Momente wird von Sarraute in Bilder umgeformt, die beim Leser eben jene Tropismenreaktion auslösen soll. Dabei verhindert Sarraute durch den steten Wechsel von Bildern, daß sich eine konkrete Vorstellung bilden kann. Dem Tropismus wird sich durch das Aufrufen immer neuer Bildbereiche angenähert, deren Assoziationssumme der Gefühlsregung gleichen soll.

Wie in Kapitel 3.1.3.1 (Ästhetik des Versuchs)[252] bereits gezeigt wurde, verfolgt Sarraute aber auch hier neben der assoziativen Richtung eine rationale Komponente: Gerade durch ihr Annäherungsverfahren und dem zum Teil offenen Widersprechen aufgerufener Bildbereiche führt Sarraute gleichzeitig eine Reflexion über die Unangemessenheit von sprachlichen Ausdrucksmitteln.

Betrachtet man Sarrautes Werk in seiner Gesamtheit, entsteht der Eindruck, daß Sarraute zu einem immer bewußteren und auch bewußtmachenderen Umgang der Tropismen gelangt: Während Sarraute in *Portrait d'un inconnu* und *Martereau* noch einen hypersensiblen Ich-Erzähler heranzieht, der dem Leser seine Vorstellung von der Existenz jener ungreifbaren Regungen vermitteln soll, geht sie mit *Le Planétarium* dazu über, diese Regungen beim Leser direkt erzeugen zu wollen. Mit *L'Usage de la parole* beginnt sie, den Leser an die Hand zu nehmen, um mit ihm zusammen die Existenz der Tropismen zu erforschen – auch wenn der Begriff Tropismus dabei nicht fällt. Obgleich Bilder und Sprache weiterhin auf suggestive Vermittlung der Tropismen zielen, geht Sarraute mit der Zeit von der Verschleierung der narrativen und sprachlichen Techniken ab. Es können wieder offen Erzählerfiguren auftreten, die sich der Existenz der Tropismen bewußt sind. *Ouvrez*, ihrem letzten Roman, gelingt dabei ein spielerischer Umgang mit dem Thema: Die tropismenauslösende Wirkung von Sprache wird auf eine allegorische Ebene der Wörter-Akteure überführt, die man gewiß nicht mehr suggestiv nennen darf, den Leser aber dennoch die affektive Macht von Sprache erfahren läßt.

Ob Sarraute die von ihr intendierte Wirkung auf ihre Leser erreicht, kann die vorliegende Arbeit natürlich nicht beantworten. Dafür bedürfte es einer empirischen Studie. Nichtsdestoweniger hat die Untersuchung struktureller und inhaltlicher Techniken bei Sarraute jedoch gezeigt, wel-

---

252) Siehe S. 70f.

che Absichten die Autorin verfolgt. Auf wen diese Techniken ausgerichtet sind, soll das folgende Kapitel beleuchten.

4 Das Werk und sein Leser – Rezeption und Wirkung

Die in Kapitel 3.1 beschriebenen literarischen Techniken haben ihren Zweck natürlich nicht in sich selbst. Sie verfolgen das Ziel, den Leser in Sarrautes Welt der Tropismen einzuführen, das heißt ihm den „richtigen" Weg (im Sinne Sarrautes) des Verständnisses zu weisen, wobei Verständnis in erster Linie nicht distanzierte, geistige Auseinandersetzung mit dem Text bedeuten soll, sondern emotionales Miterleben. Wer aber ist jener Leser?

Ich schlage vor, zumindest drei Kategorien zu unterscheiden: den Ideal-Leser, den sich der Autor beim Verfassen seines Werkes wünscht; den Modell-Leser, den der Text postuliert[1]; den empirischen Leser, das heißt den tatsächlichen, historischen Leser, den man nur mittels empirischer Untersuchungen korrekt ermitteln könnte.[2]

4.1 Der Ideal-Leser – Rezeptionstheorie in *L'Ère du soupçon*

In ihrer Essay-Sammlung *L'Ère du soupçon* beschreibt Nathalie Sarraute ihre Idealvorstellung einer Kommunikation mit dem Leser:

> Il est donc permis de rêver [...] d'une technique qui parviendrait à plonger le lecteur dans le flot de ces drames souterrains [...] ; une technique qui donnerait au lecteur l'illusion de refaire lui-même ces actions avec une conscience plus lucide, avec plus d'ordre, de netteté et de force qu'il ne peut le faire dans la vie, sans qu'elles perdent cette part d'indétermination, cette opacité et ce mystère qu'ont toujours ses actions pour celui qui les vit.[3]

---

1) S. Umberto Eco, *Lector in fabula*, aus dem Italienischen von Heinz-Georg Held, München, Wien: Hanser, 1987.
2) Eine kurze Ausführung des Problems der Leser-Typisierung sowie eine Darstellung einiger Lesertypen in der wissenschaftlichen Literatur findet sich bei Wolfgang Iser, *Der Akt des Lesens. Theorie ästhetischer Wirkung*, München: Fink, 1976, S. 50 ff.
3) *L'Ère du soupçon*, S. 1604.

> Au lieu de se laisser guider par les signes qu'offrent à sa paresse et à sa hâte les usages de la vie quotidienne, il doit, pour identifier les personnages, les reconnaître aussitôt, comme l'auteur lui-même, par le dedans, grâce à des indices qui ne lui sont révélés que si, renonçant à ses habitudes de confort, il plonge en eux aussi loin que l'auteur et fait sienne sa vision.
> Alors le lecteur est d'un coup à l'intérieur, à la place même où l'auteur se trouve, [...] Il est plongé et maintenu jusqu'au bout dans une matière anonyme comme le sang, dans un magma sans nom, sans contours. S'il parvient à se diriger, c'est grâce aux jalons que l'auteur a posés pour s'y reconnaître. Nulle réminiscence de son monde familier, nul souci conventionnel de cohésion ou de vraisemblance, ne détourne son attention ni ne freine son effort.[4]

Nathalie Sarraute wünscht sich einen Leser, der sich vom Autor leiten läßt und den Ballast der traditionellen Literatur(erfahrung) abstreift, um die Welt der Tropismen erfahren zu können.[5] Der Leser soll sich ganz und gar auf das Werk einlassen, er soll mitempfinden und keinen kritischen Abstand zum Text einnehmen.[6] Sarrautes Ideal-Leser soll es nicht um rationale Belehrung, sondern um emotionale Erfahrung mittels der Lektüre gehen.

Diese emotionale Erfahrung der Tropismen sieht Sarraute als jenen „petit fait vrai"[7], jene „matière neuve, inconnue"[8] an, die der Autor für den Leser herausarbeitet und sichtbar, das heißt erfahrbar macht.

---

4) *L'Ère du soupçon*, S. 1585f.
5) In einem Interview mit Raymond Élaho gibt Sarraute ihrem Leser folgenden Rat:
> Le seul conseil que je puisse donner, c'est de s'abandonner à la sensation sans chercher dans mes ouvrages ce qu'on a l'habitude de chercher dans les romans (des caractères, une intrigue...) car alors les lecteurs laisseraient échapper ces mouvements anonymes qui font l'intérêt de mes livres.

Raymond Osemwegie Élaho, *Entretiens avec le nouveau roman: Michel Butor, Robert Pinget, Alain Robbe-Grillet, Nathalie Sarraute, Claude Simon*, Sherbrooke, Québec: Naaman, 1985, S. 52.
6) So kritisiert Sarraute z. B. an Proust, er habe „rarement – pour ne pas dire jamais – essayé de les [ces groupes composés de sensations, d'images, etc., F. d. P.] revivre et de les faire revivre au lecteur dans le présent [...] [il a] incité le lecteur à faire fonctionner son intelligence au lieu de lui avoir donné la sensation de revivre une expérience, d'accomplir lui-même, sans trop savoir ce qu'il fait ni où il va, des actions [...]" *L'Ère du soupçon*, S. 1594f.
7) S. *L'Ère du soupçon*, S. 1579 und S. 1582.
8) S. *L'Ère du soupçon*, S. 1647.

4.1 DER IDEAL-LESER – REZEPTIONSTHEORIE IN *L'Ère du soupçon*

Neben etlichen kritischen Anmerkungen dazu, wie Sarraute ihren „tatsächlichen" Leser sieht, finden sich in *L'Ère du soupçon* auch einige positive, wenn nicht sogar optimistische Aussagen über den Leser. Auch wenn es nicht immer leicht ist, Sarrautes Anmerkungen genau danach zu unterscheiden, was sie als momentan gegeben und was als wünschenswert ansieht, so lassen sich die folgenden Aussagen wohl als Leserutopie ansehen:

> Et tout d'abord le lecteur, aujourd'hui, se méfie de ce que lui propose l'imagination de l'auteur. «[...] Plus rien ne compte que le petit fait vrai»...[9]
>
> Quant au caractère, il [le lecteur, F. d. P.] sait bien qu'il n'est pas autre chose que l'étiquette grossière dont lui-même se sert, sans trop y croire, pour la commodité pratique, pour régler, en très gros, ses conduites. Et il se méfie des actions brutales du personnage [...] et aussi de l'intrigue qui, s'enroulant autour du personnage comme une bandelette, lui donne, en même temps qu'une apparence de cohésion et de vie, la rigidité des momies.[10]

Insofern unterschätzten die Autoren, die glauben, immer nach dem alten Schema verfahren zu müssen, selbst die nicht zur Elite gehörenden Leser, „ces masses, dont ces romanciers sous-estiment la sensibilité et la lucidité"[11]:

> [...] il faut rendre au lecteur cette justice, qu'il ne se fait jamais bien longtemps tirer l'oreille pour suivre les auteurs sur des pistes nouvelles. Il n'a jamais vraiment rechigné devant l'effort.[12]

Dieses Zitat gibt im Gegensatz zu anderen Bemerkungen Sarrautes das sehr positive Bild von einem gegenüber neuen Techniken aufgeschlossenen Leser.

Diese Ausagen zu einem möglichen Ideal-Leser sind häufig gleichzusetzen mit dem, was Sarraute selbst als Leserin erfährt[13] und sich vom Roman

---

9) *L'Ère du soupçon*, S. 1579. Nathalie Sarraute zitiert hier M. J. Tournier.
10) *L'Ère du soupçon*, S. 1581.
11) *L'Ère du soupçon*, S. 1618.
12) *L'Ère du soupçon*, S. 1579.
13) „Tous ces sentiments du lecteur à l'égard du roman, l'auteur, [...] les connaît d'autant mieux que, lecteur lui-même, et souvent assez averti, il les éprouve." *L'Ère du soupçon*, S. 1583.

erhofft.[14] In einem Interview antwortet Sarraute denn auch auf die Frage „Pour qui écrivez-vous?" mit den Worten „Pour l'autre moi-même que je suppose en chaque lecteur."[15]

In ihrem fiktionalen Werk zeichnet Nathalie Sarraute am Schluß von *Les Fruits d'or*[16] das Bild ihres Ideal-Lesers: Nachdem der titelgebende Roman „Les Fruits d'or" alle Phasen des Auf- und Abstiegs in der Gunst der Kritiker erfahren hat, kommt ein Leser zu Wort, dessen „principale qualité" seine „sincerité"[17] sowie seine „ténacité" sind, der sich selbst als „modeste[ ] et effacé[ ], mais [...] opiniâtre[ ]"[18] bezeichnet und der sich der Beschränktheit der Sprache bewußt ist[19]. Dieser kommuniziert in der Einsamkeit mit dem Werk in zweierlei Hinsicht: Einerseits rezipiert er den Roman, andererseits redet er mit dem Roman explizit, wenn er ihn mit „vous" anspricht, um ihm seine Ansichten über ihn mitzuteilen.[20] Seine Ästhetik ist die der direkten, lebendigen Lese-Erfahrung: „Moi, n'importe quoi, n'importe quel petit bout, pris au hasard, s'insinue en moi ou non. Et quand il le fait, il tire après soi tout le reste. Cela forme un tout indivisible. Comme un être vivant."[21]

Dieses Bild des Ideal-Lesers bildet schon einen Übergang zum Modell-Leser: Es expliziert nicht nur Sarrautes Leser-Utopie[22], sondern stellt bereits eine Technik dar, mittels derer der Text selbst seinen Modell-Leser postuliert.

---

14) Gleichzeitig spricht sie aber häufig in der 1. Person Plural, wenn sie von den schlechten Gewohnheiten des Lesers spricht: s. folgendes Unterkapitel und z. B. *L'Ère du soupçon*, S. 1612. Grundsätzlich ist die Lektüre ihrer Essais nicht unproblematisch, da Sarraute auch hier die Perspektive häufig wechselt und nicht selten die ihrer „Gegner" annimmt.
15) Interview mit Jean-Maurice de Montrémy 1978, zitiert nach: Valerie Minogue, „Notice" zu *L'Usage de la parole*, *Œuvres complètes*, S. 1915.
16) *Les Fruits d'or*, S. 615ff. Vgl. auch: Alan J. Clayton, *Nathalie Sarraute ou le tremblement de l'écriture*, Paris: Lettres Modernes, 1989, S. 38f. Clayton bezeichnet dieses Bild des Ideallesers auch als „double" des Autors (S. 39).
17) *Les Fruits d'or*, S. 616.
18) *Les Fruits d'or*, S. 619f.
19) „[...] je ne sais pas l'exprimer... je n'ai à ma disposition que de pauvres mots complètement usés à force d'avoir servi à tous et à tout...", *Les Fruits d'or*, S. 616.
20) z. B. „[...] quand on venait de se rencontrer, vous et moi [...]", *Les Fruits d'or*, S. 617.
21) *Les Fruits d'or*, S. 618.
22) S. hierzu das Kapitel „La lecture utopique", in: Gleize, Joëlle, *Joëlle Gleize présente* Les Fruits d'Or *de Nathalie Sarraute*, Paris: Folio, 2000, S. 140–142.

4.2 Der Modell-Leser – Im Kampf mit dem widerspenstigen Leser

4.2.1 Der Modell-Leser

Umberto Eco definiert den Modell-Leser folgendermaßen:

> Der Modell-Leser ist ein Zusammenspiel *glücklicher Bedingungen*, die im Text festgelegt worden sind und die zufriedenstellend sein müssen, damit ein Text vollkommen in seinem möglichen Inhalt aktualisiert werden kann.[23]

Der Modell-Leser findet sich im Text entweder explizit, z. B. durch eine Leser-Anrede oder eine Romanfigur, mit der sich der empirische Leser identifizieren soll, oder implizit durch Verwendung einer bestimmten Enzyklopädie[24], eines bestimmten Stils, eines bestimmten Wortschatzes oder bestimmter Techniken, die sozusagen eine Vorauswahl der möglichen Leser(kompetenzen) darstellen und die Leser-Rezeption des Werkes lenken sollen.[25] Der Modell-Leser ist also der Zielpunkt einer Strategie des Textes:

> Wir haben gesagt, daß der Text die Mitarbeit des Lesers als wesentliche Bedingung seiner Aktualisierung postuliert. Wir könnten genauer sagen, daß *ein Text ein Produkt ist, dessen Interpretation Bestandteil des eigentlichen Mechanismus seiner Erzeugung sein muß*: einen Text hervorbringen, bedeutet, eine Strategie zu verfolgen, in der die vorhergesehenen Züge des Anderen miteinbezogen werden – wie ohnehin in jeder Strategie.[26]

Insofern stellt der Modell-Leser das Bild dar, welches sich der Autor von seinem tatsächlichen Leser und dessen Kompetenz macht – im Gegensatz zum Leser, den er sich erträumt.

Andererseits sucht der Autor die Auswahl möglicher Leser gemäß seiner Vorstellung einzuschränken:

> Allerdings wird er [der Autor, F. d. P.] einen Modell-Leser voraussetzen, der in der Lage ist, an der Aktualisierung des Textes so mitzuwirken, wie es sich der Autor gedacht hat, und sich in seiner Interpretation fortzubewegen, wie jener [der Autor,

---

23) Eco, S. 76.
24) Zum Begriff „Enzyklopädie" vgl. Eco, S. 94–106.
25) Vgl. Eco, S. 67.
26) Eco, S. 65f.

F. d. P.] seine Züge bei der Hervorbringung des Werkes gesetzt hat.[27]

Zudem kann der Autor seinem Modell-Leser eine gewisse „Erziehung", eine Einführung in die Autor-Enzyklopädie angedeihen lassen:

> Der Autor präsupponiert auf der einen und *instauriert* auf der anderen Seite die Kompetenz seines Modell-Lesers.[28]

Bezüglich Sarrautes Leserkonzeption stellen sich also folgende Fragen:

Welche Vorstellung hat Nathalie Sarraute von „ihrem" Leser? Läßt sich Sarrautes Modell-Leser rekonstruieren?

Wie instauriert Sarraute die Kompetenz ihres Lesers, wie *lehrt* sie ihn die Lektüre ihrer Werke? Inwiefern erzeugt Sarraute ihren Modell-Leser bzw. dessen Kompetenz?

Handelt es sich bei Sarrautes Werk im Sinne Ecos um ein offenes oder geschlossenes Werk?[29]

4.2.2 Sarrautes widerspenstiger Leser

Die Verwendung bestimmter Techniken im Text läßt darauf schließen, welches Bild sich Sarraute von ihrem Leser macht. Dieses Bild entspricht dem Modell-Leser, dem *lector in fabula*, der im Text konstituiert bzw. postuliert wird und seinen Ausdruck in den Techniken und der Gesamtstrategie findet. Der Umstand, daß Nathalie Sarraute so viel Mühe auf suggestive Techniken und eine neue Romanform verwendet, zeugt davon, daß sie mit einem widerspenstigen Leser rechnet, welcher anhand seiner Leseerfahrung einen am traditionellen Roman geübten Erwartungshorizont besitzt.

Dieses Bild des widerspenstigen Lesers findet sich in den Romanen selbst sowie in Sarrautes theoretischen Schriften wieder. Alan J. Clayton entdeckt einige Beispiele für die Darstellung dieser Leser, „qui lisent Sarraute comme on lit un romancier traditionnel"[30], wie z. B. folgende Szene mit Fernande und ihren Freunden in *Le Planétarium*:

> «Et les Guimier, qu'est-ce qu'ils deviennent?»
> Elle brandit cela sous leur nez et le jette au milieu d'eux...
> Allons, pourquoi hésitent-ils? Qui cherchent-ils à tromper?

---

27) Eco, S. 67.
28) Eco, S. 68
29) Vgl. Eco, S. 71f.
30) Alan J. Clayton, *Nathalie Sarraute ou le tremblement de l'écriture*, S. 39.

4.2 DER MODELL-LESER – IM KAMPF MIT DEM WIDERSPENSTIGEN LESER

Elle sait bien qu'ils n'attendaient que ce moment. On s'ennuyait à mourir pendant ces préliminaires, ces bavardages insipides... Tout le monde en avait assez de ces mâchonnements à vide, de ces grignotages... Cela devenait écœurant...
Mais les Guimier, c'est un régal... Quoi de plus consistant que les Guimier... quoi de plus appétissant?[31]

Sarraute benutzt an dieser Stelle zwei Verfahren, um den typischen „Leser" bloßzustellen: Zum einen zeigt sie die Sprecherin, die später von jemandem als Fernande angesprochen wird, als begierig, etwas über scheinbar konsistente *personnages* zu erzählen. Zum anderen stellt dieser Abschnitt, der sozusagen die Gedanken Fernandes widergibt, eine „*autoparodie ironique* à fonction *critique*"[32] dar: Sarraute legt hier eine Parodie der möglichen Kritik an eben ihrer eigenen *écriture* in den „Mund" Fernandes. Jene „mâchonnements à vide, [...] ces grignotages" geben eben das wieder, was ein Kritiker an Sarrautes Werk eventuell aussetzen könnte, was jedoch ihre Ästhetik ausmacht.

Neben den Bildern des Lesers in den Romanen äußert Sarraute in ihren theoretischen Schriften explizit ihre Vorstellung vom Leser:

Neben dem im vorigen Kapitel beschriebenen positiven Bild des mißtrauischen Ideal-Lesers finden sich vor allem Darstellungen des trägen, bequemlichen Lesers, der in jedem Roman nur das Gewohnte und folgende „satisfactions [...] extra-littéraires"[33] sucht:

un secours dans leur solitude, une description de leur situations, des révélations sur les côtés secrets de la vie des autres, des conseils pleins de sagesse, des solutions justes aux conflits dont il souffrent, un élargissement de leur expérience, l'impression de vivre d'autres vies.[34]

Für diese „jouissances", diese „passion dangereuse"[35] ist der Leser bereit

---
31) *Le Planétarium*, S. 474.
32) Clayton, *Nathalie Sarraute ou le tremblement de l'écriture*, S. 40. Siehe auch S. 35f., wo Clayton ein Beispiel einer Lesererwartungshorizont-Parodie gibt: Alain dekliniert hier kurz anhand der Erinnerung an seinen Bekannten Berthier durch, was ein Leser an Informationen erwarten würde. Für Alain selbst hingegen wären diese Informationen über dieses erinnerte Bild einer „masse sombre, d'une silhouette aux contours très estompés" nicht nötig (*Le Planétarium*, S. 471).
33) *L'Ère du soupçon*, S. 1612.
34) *L'Ère du soupçon*, S. 1610f. Sarraute beschreibt hier eine Leserhaltung, die Karlheinz Stierle „quasipragmatische Rezeption" nennt. Karlheinz Stierle, „Was heißt Rezeption bei fiktionalen Texten?", *Poetica* 7 (1975), 345–387, hier S. 357ff.
35) *L'Ère du soupçon*, S. 1612.

über jede konventionelle Plumpheit des Textes hinwegzusehen.³⁶ Die Autoren von Trivialromanen kommen diesen Bedürfnissen und der Faulheit des Lesers entgegen, indem „[...] ils ne dressent plus d'obstacles, n'exigent plus guère d'efforts, et permettent aux lecteurs, confortablement installés dans un univers familier, de se laisser glisser mollement vers de dangereuses délices."³⁷

Der Leser hat seinen Erwartungshorizont am traditionellen Roman gebildet, und Sarraute geht sogar noch weiter, wenn sie den Leser als geradezu willenlos auf die Konstruktion von *personnages* konditioniert darstellt, so daß ihm der Autor wiederum mißtrauisch gegenübersteht:

> [...] cet auteur que la perspicacité grandissante et la méfiance du lecteur intimident, se méfie de son côté, de plus en plus, du lecteur.
> Le lecteur, en effet, même le plus averti, dès qu'on l'abandonne à lui-même, c'est plus fort que lui, typifie.
> Il le fait [...] sans même s'en apercevoir, pour la commodité de la vie quotidienne, à la suite d'un long entraînement. Tel le chien de Pavlov, à qui le tintement d'une clochette fait sécréter de la salive, sur le plus faible indice il fabrique des personnages.³⁸

Das heißt, Nathalie Sarraute sieht den Leser sogar weniger als renitent, als vielmehr unfreiwillig widerspenstigen, da so vom traditionellen Roman durchdrungenen und somit dressierten, konditionierten Leser ohne freien Willen an, der reflexartig auf ein simples traditionelles Reiz-Reaktions-Schema anspricht.

Nathalie Sarrautes Techniken sind im Bewußtsein dieses Umstandes entstanden und sollen den widerspenstigen, vom traditionellen Roman geradezu verdorbenen Leser quasi überlisten, um ihn letztendlich vielleicht sogar in eine andere Richtung zu erziehen. Ihre Techniken sind auf diesen Modell-Leser zugeschnitten: „les bons livres sauvent les lecteurs *malgré eux*."³⁹ So formuliert Sarraute denn auch ihre Vorstellung der eigenen Techniken im Hinblick auf die erwünschte Wirkung auf den Leser, ob es nun um ihre Bilderwelten geht⁴⁰ oder um die Auflösung des traditionellen

---

36) „[...] dans l'impatience [...] d'éprouver ces jouissances [...] nous cherchons à nous reconnaître dans les images les plus grossières, [...] pour nous couler aisément dans les moules tout préparés qu'on nous tend." *L'Ère du soupçon*, S. 1612.
37) *L'Ère du soupçon*, S. 1613.
38) *L'Ère du soupçon*, S. 1584.
39) *L'Ère du soupçon*, S. 1613 (Herv. von mir, F. d. P.).
40) *L'Ère du soupçon*, S. 1554:

4.2 DER MODELL-LESER – IM KAMPF MIT DEM WIDERSPENSTIGEN LESER

personnage.[41]
Insofern stellen Sarrautes Techniken eine Art Zugeständnis an den von ihr erwarteten, widerspenstigen Leser dar. Sie sind deshalb auch nicht „revolutionär" zu nennen, da Sarraute die gegebene Sprache und Form nicht von Grund auf erneuert (sofern so etwas überhaupt möglich wäre), sondern mittels der ihr zur Verfügung stehenden (konventionellen) Sprache ihr neuartiges Thema der Tropismen, diese „matière neuve, inconnue"[42] dem Leser zu vermitteln sucht.[43]

Nichtsdestoweniger stellt sich bei Sarraute zuweilen ein gewisser Fatalismus ein, wenn sie konstatiert, daß zunächst alle Versuche des Autors zum Scheitern verurteilt zu sein scheinen, den Leser von seinen Gewohnheiten abzubringen:

> Mais comment le romancier pourrait-il se délivrer du sujet, des personnages et de l'intrigue ? Il aurait beau essayer d'isoler la parcelle de réalité qu'il s'efforcerait de saisir, il ne pourrait qu'elle ne soit intégrée à quelque personnage, dont l'œil bien accommodé du lecteur reconstituerait aussitôt la silhouette familière aux lignes simples et précises, que ce lecteur affublerait

> [...] des sensations souvent très intenses, mais brèves, il n'était possible de les communiquer au lecteur que par des images qui en donnent des équivalents et lui fassent éprouver des sensations analogues. Il fallait aussi décomposer ces mouvements et les faire se déployer dans la conscience du lecteur à la manière d'un film au ralenti. Le temps n'était plus celui de la vie réelle, mais celui d'un présent démesurément agrandi.

41) *L'Ère du soupçon*, S. 1554:
   Rien ne devait en [des tropismes, F.d.P.] distraire celle [l'attention, F.d.P.] du lecteur: ni caractères des personnages, ni intrigue romanesque à la faveur de laquelle, d'ordinaire, ces caractères se développent, ni sentiments connus et nommés. À ces mouvements [...] des personnages anonymes, à peine visibles, devaient servir de simple support.
   oder *L'Ère du soupçon*, S. 1584:
   Il faut donc empêcher le lecteur de courir deux lièvres à la fois, et [...] il faut éviter qu'il disperse son attention et la laisse accaparer par les personnages, et, pour cela, le priver le plus possible de tous les indices dont, malgré lui, par un penchant naturel, il s'empare pour fabriquer des trompe-l'œil.

42) *L'Ère du soupçon*, S. 1647.
43) Vgl. Gerda Zeltner-Neukomm, *Die eigenmächtige Sprache. Zur Poetik des Nouveau Roman*, Olten u. Freiburg: Walter, 1965, S. 29: „Sie [Nathalie Sarraute, F.d.P.] weigert sich, die Sprache in ihrer Funktion von Grund auf umzustürzen; was sich hier vielmehr von Grund auf wandelt, das ist deren Objekt."

d'un « caractère », où il retrouverait un de ces types dont il est si friand, et qui acaparerait par son aspect bien ressemblant et « vivant » la plus grande part de son attention. Et ce personnage, quelque effort que le romancier puisse faire pour le maintenir immobile, afin de pouvoir concentrer son attention et celle du lecteur sur des frémissements à peine perceptibles où il lui semble que s'est réfugiée aujourd'hui la réalité qu'il voudrait dévoiler, il n'arrivera pas à l'empêcher de bouger juste assez pour que le lecteur trouve dans ses mouvements une intrigue dont il suivra avec curiosité les péripéties et attendra avec impatience le dénouement.[44]

Betrachtet man die Entwicklung der Techniken in Nathalie Sarrautes Werk, so scheint sich darin auch der Gedanke bei Sarraute an eine Entwicklung ihrer Leser abzuzeichnen.[45] Während Sarraute in *Portrait d'un inconnu* und *Martereau* das Mittel des Ich-Erzählers verwendet und in *Le Planétarium* noch einzelnen Konventionen des traditionellen Romans folgt sowie eine gerade noch erkennbare *intrigue* und mit Namen und Umgebung ausgestattete *personnages* anbietet, verlieren die Romanfiguren immer mehr an Bedeutung, um schließlich im letzten Roman *Ouvrez* ganz durch andere Akteure, die Wörter, ersetzt zu werden.

Grundsätzlich stellt sich dabei die Frage, ob *intrigue* und *personnage* –

---

44) *L'Ère du soupçon*, S. 1617. Vgl. auch Nathalie Sarraute, „Ce que je cherche à faire", in: *Œuvres complètes*, S. 1694–1706, hier S. 1705:
   Mais il s'est produit ce qu'il fallait attendre: les lecteurs de [m]es livres, tant est grande la force de l'habitude, n'y ont vu d'abord que ce que le langage convenu les avait habitués à voir et ce que précisément je cherchais à détruire.

45) In der Vorrede zur Tonaufnahme von *Tropismes* und *L'Usage de la parole* erklärt Sarraute, daß sie glaube, inzwischen sie verstehende Leser gefunden zu haben:
   Et puis, sans le vouloir et tout à fait spontanéement, dans ce texte, je m'adresse au(x) lecteur(s) parce que j'ai comme l'illusion qu'après tant de temps – puisque entre la parution des *Tropismes* en '39 et la parution de *L'Usage de la parole* il s'est passé plus de 40 ans – j'ai l'impression que j'ai tout de même fini par acquérir quelques lecteurs qui me suivent, qui me sont proches, je ne les connais pas, mais j'ai cette illusion, j'en ai besoin pour travailler, que nous cheminons ensemble, et je m'adresse à eux, c'est un peu comme un des jeux que nous jouerions ensemble, moi et une sorte de lecteur imaginaire, qui contribue à l'impulsion que reçoivent ces textes à leur développement.
   Tropismes et *L'Usage de la parole* (extraits), gelesen von Nathalie Sarraute und Madeleine Renaud, Regie: Simone Benmussa, Éd. des femmes, 1981 (Transkription von mir, F. d. P.).

wie weit sie auch zurückgenommen erscheinen – ein Zugeständnis an den erwarteten Leser sind. Vielleicht legt Sarraute sie quasi als Köder aus: Der Leser, der gewohnheitsmäßig nach konventioneller Handlung und deren Trägern sucht, wird in dieser seiner Erwartung bewußt enttäuscht und sieht sich daher gezwungen, sich den eigentlichen Handlungsträgern, den Tropismen, zuzuwenden.

4.2.3 Instaurierung der Leserkompetenz

Jene Techniken, anhand derer Sarrautes Vorstellung eines widerspenstigen Lesers erkennbar wird, sollen nicht nur eine Konzession an dessen Lese-Fähigkeiten sein, sondern zum Teil auch versuchen, beim Leser eine neue Kompetenz zu instaurieren. Wie in Kapitel 3.1.3 (Semantische Ebene, S. 70ff.) bereits beschrieben verwendet Sarraute zum Beispiel eine ihr ganz eigene Bildersprache und Lexik, die sie in und mit jedem Roman ausbaut und verfestigt. So lernt der Leser mit der Zeit durch das Wiedererkennen bestimmter Bildbereiche und Kontexte z. B. die für Sprechen verwendeten Ausdrücke wie „coups" (s. Kapitel 3.1.2.2.1 (Distanz, S. 43ff.)) automatisch zu übersetzen oder übernimmt das mit speziellen Begriffen verbundene Wertesystem („vivant, flou etc.": positiv; „mort, pétrifié etc.": negativ). Ist der Leser zu Beginn der Lektüre noch ganz damit beschäftigt, *intrigue* und *personnages* rekonstruieren zu wollen, so wird er wahrscheinlich mit der Zeit davon absehen, da ihm klar wird, daß der thematische Schwerpunkt woanders liegt. Auf der inhaltlichen Ebene „hilft" Sarraute ihrem Leser durch die wiederholte Thematisierung der sie im Schreiben beschäftigenden Fragen. Im Idealfall geht der Leser ohne Vorbehalte in Sarrautes Schule und lernt ihre eigene Sprache und Konzepte. Ann Jefferson sieht nicht nur in den fiktionalen Texten eine solche Schule der Sarrauteschen *écriture*, sondern vor allem in ihren theoretischen Essays, die sich ähnlicher Mittel wie die fiktionalen Texte bedienen.[46] Für Jefferson wird der Kontakt des Lesers zum Sarrauteschen Werk erst durch die Essays ermöglicht, und zwar sowohl durch Sarrautes Selbstkommentar als auch durch exemplarische Anwendung der Techniken der fiktionalen Werke in den theoretischen Schriften.[47]

---

46) Ann Jefferson, „Nathalie Sarraute – Criticism and the ‚Terrible Desire to Establish Contact'", in: Michael Cardy, George Evans, Gabriel Jacobs (Hrsg.), *Narrative Voices in Modern French Fiction, Studies in Honour of Valerie Minogue*, Cardiff: University of Wales Press, 1997, S. 37–56, hier S. 49ff. Jefferson betont, daß der Leser in diesem Sinne in die gleiche Schule wie der Autor selbst gehen muß, der ebenfalls alte Lese-Gewohnheiten aufgegeben hat (S. 48).

47) Jefferson, S. 53: „The essays are both precept and example [...]".

4.2.4 Wirkungstheoretische Begründungen für den widerspenstigen Leser

Woran liegt es, daß der Leser sich anscheinend neuen Erfahrungen gegenüber sträubt? Als Antwort könnte ein Blick auf die Aussagen helfen, die Eco über den Interpretationsvorgang des Lesers trifft.

Eco definiert Interpretation folgendermaßen:

> Unter Interpretation versteht man [...] die semantische Aktualisierung dessen, was der Text (als Strategie) durch die Mitarbeit seines Modell-Lesers zum Ausdruck bringen will.[48]

Diese Aktualisierung kann jedoch wegen einer von der vorhergesehen Wirkung abweichenden Decodierung mißlingen.[49] Warum scheint diese abweichende Decodierung die Rezeption von Sarrautes Werk besonders zu treffen?

Zum einen verfügt der am konventionellen Roman geübte Leser sozusagen über eine andere Enzyklopädie als Sarraute. Die Tropismen sind in der Enzyklopädie nicht enthalten, sie gehören nicht zum allgemeinen Vorstellungshorizont der Leser. Der Begriff des Tropismus taucht – außer im Titel des ersten Werkes – in keinem der Romane auf, da Sarraute die Tropismen ja nicht beschreiben, sondern direkt erfühlbar werden lassen möchte.

Eco beschreibt den Leseprozeß als ein stetiges Entwickeln von Präsuppositionen bezüglich des *Topic* des Textes.[50] Der Leser setzt diese Hypothesen „in Parenthese"[51], bis sich eine anhand des Textes als wahr herausstellt. Der widerspenstige Leser stellt seine Hypothesen anhand der Zeichen des traditionellen Romans (Titel, *personnages*, *intrigue*, Textgattung) auf, eben weil diese in seiner Enzyklopädie verzeichnet sind – im Gegensatz zu den Tropismen.

Es ergibt sich bei dieser Sichtweise jedoch das Problem, auf welcher Ebene man den *Topic* eines Textes ansetzt, und ob es bei einem Werk, das sich gegen intellektuelle Aufarbeitung sträubt und sich das direkte Erleben auf die Fahnen geschrieben hat, überhaupt angebracht ist, von einem *Topic* zu reden. Wohl lassen sich bei Sarraute verschiedenen Themenebenen unterscheiden[52], und man könnte sagen, daß sich der *Topic* in eben jene

---

48) Eco, S. 226.
49) Vgl. Eco, S. 224.
50) Siehe Eco, S. 93f. sowie: „Der Modell-Leser ist dazu aufgerufen, an der Entwicklung der Fabel mitzuwirken, indem er die nachfolgenden Zustände antizipiert" (S. 143).
51) Eco S. 93.
52) Siehe Kapitel 2 (Thematiken Nathalie Sarrautes), S. 11ff.

4.2 Der Modell-Leser – Im Kampf mit dem widerspenstigen Leser

kleinen Dramen des Tropismus aufteilen ließe, aber letztendlich wird eine Beschreibung der Rezeption, die auf intellektuelle Auseinandersetzung mit einem Werk zielt, dem Anspruch Sarrautes nicht gerecht. Natürlich erwartet auch Sarraute eine gewisse Mitarbeit des Lesers, wenn es z. B. darum geht, das nicht mehr ausgeschriebene, durch Auslassungspunkte ersetzte Satzende selbständig zu ergänzen. Das, worauf es Sarraute allerdings ankommt, ist, daß der Leser mit-fühlt.

Rezeptionsästhetische Kategorien wie „Präsupposition", „Hypothese", betreffen aber eher eine bewußte Auseinandersetzung mit dem Text, und nicht eine vor-bewußte Erfahrung der Tropismen, die Sarraute intendiert.

Eco sieht den *Topic* im Zusammenhang mit der vom Leser erkennbaren Kohärenz des Textes:

> Den Topic auszumachen, heißt nichts anderes, als eine Vermutung über eine gewisse Regelhaftigkeit des Textverhaltens aufzustellen. Diese Art der Regelhaftigkeit ist eben dieselbe, die unserer Ansicht nach sowohl die Grenzen als auch die Bedingungen der *Kohärenz eines Textes* festlegt.[53]

Sind aber Sarrautes Texte in diesem Sinne kohärent? Sucht der Leser die Kohärenz vielleicht deswegen im *support*-Thema[54], weil er sie sonst nirgends finden kann? Und doch wird der Leser spätestens bei der Lektüre eines zweiten Romans von Nathalie Sarraute sicher fühlen, daß es sich irgendwie immer um das Gleiche dreht, daß da etwas ähnlich ist, was sich nicht auf die Oberflächen-*intrigue* allein zurückführen läßt.

Eco sieht als eine wichtige Lese-Leistung an, „ganze Diskursteile durch eine Reihe von *Makropropositionen* zu synthetisieren."[55] Das heißt, vereinfacht ausgedrückt, daß der Leser in der Lage ist, von einem Text die Inhaltsangabe zu abstrahieren, wobei diese den eigentlichen Text „*ausdehnen und erweitern*"[56] kann. Hier stellt sich dem Leser bei Sarrautes Werk das gleiche Problem wie oben beschrieben, denn wenn er *support*-Thema oder tropismale Dramen abstrahieren soll, so geht doch genau das verloren, was das Werk Sarrautes ausmacht: das, was nicht im Text, sondern

---

53) Eco, S. 111f.
54) Vgl. Kapitel 3.1.1.1 (Handlung), S. 30: Ein Thema, das dem eigentlichen Thema des Tropismus nur als Vehikel dient.
55) Eco, S. 128.
56) Eco, S. 129. Das heißt, die Inhaltsangabe gerät länger als der ursprüngliche Text, da sie Dinge in Worte fassen muß, die z. B. im Text durch signifikante Lücken ausgedrückt werden. Als Grundrequisiten des Erzählschemas nennt Eco: einen Agenten, einen Anfangszustand, eine Reihe von Veränderungen sowie ein Endresultat (Eco, S. 136).

beim Leser mittels der Techniken ausgelöst werden soll.[57]

Wir nähern uns damit einem grundsätzlicheren Problem einer Analyse der Sarrauteschen Romane anhand der Rezeptionstheorie von Eco: Eco beschreibt narrative Texte, und „narrativ" ist ein Terminus, den man nur sehr begrenzt auf Sarrautes Werk anwenden kann. Sarraute will nicht hauptsächlich erzählen, sondern etwas beim Leser bewirken, Gefühlsregungen bei ihm auslösen, die sich laut Sarraute eben nicht in Worte fassen, nicht ausdrücken[58], nicht erzählen lassen. Erzählen bedeutet zudem, etwas mit zeitlichem Abstand wiederzugeben, während Sarraute das Ziel eines direkten Erfahrens verfolgt.

Um seine Theorie allgemeingültig zu halten, läßt Eco als Grenzfall jedoch die Möglichkeit zu, daß sowohl Handlung als auch zeitlicher Verlauf gleich Null (unendlich gleich) sein können.[59] Dies trifft größtenteils auf Sarrautes Werk zu.

Eco unterscheidet zwischen dem geschlossenen und dem offenen Werk.[60] Während der Autor des geschlossenen Werks alle Interpretationsschritte des Lesers durch den Text eindeutig vorzuschreiben sucht und von den an jedem „Knotenpunkt" des Textes gebildeten möglichen Hypothesen letztendlich nur eine für wahr befindet, klärt der offene Text nicht, welche der möglichen Hypothesen wahr ist.

In welche der beiden Richtungen tendieren aber Sarrautes Romane? Einmal abgesehen von der oben angesprochenen Problematik, die Ebene der möglichen Hypothesen in Sarrautes Texten zu bestimmen, scheint ihr Werk gemäß ihrer eigenen Aussagen eher ein geschlossenes Werk zu sein. Sarraute versucht gerade mittels ihrer Techniken, die möglichen konventionellen Interpretationsschemata ihrer Leser abzuschalten und ihm stattdessen *ihr* Thema, die Tropismen, zu vermitteln. Die Ideal-Kommunikation mit dem Leser bestünde für Sarraute also darin, daß ihr der Leser ohne vorgefaßte Sicht folgt und keinerlei Hypothesen über den Verlauf der *histoire* anstellt. Ihre Methode ist deshalb eher als restriktiv zu bezeichnen:

---

57) In der Diskussion der Tagung in Cerisy-la-Salle beschwert sich Sarraute darüber, daß Literaturkritiker mittels der Abstraktion eben das aus ihren Texten ziehen, was sie daraus verbannen wollte, z. B. typische Charaktere: „Cela se reconstruit fatalement dès qu'on l'arrache au texte pour le dire dans un autre langage, rempli déjà de définitions, de catégories...", Jean Ricardou, Françoise van Rossum-Guyon (Hrsg.), *Nouveau Roman: hier, aujourd'hui*, Bd. II: *Pratiques*, Paris: U. G. E., 1972, S. 53.

58) So wehrt sich Sarraute in einer Diskussion z. B. vehement gegen die Bezeichnung „expression" im Zusammenhang mit ihrem Schreiben: „Je n'ai pas dit le mot «expression», que Dieu m'en préserve!", Ricardou, van Rossum (Hrsg.), S. 51.

59) Eco, S. 138.

60) Siehe Eco, S. 69-72.

Sarraute versucht in Kenntnis der Existenz des widerspenstigen Lesers jenen aus ihrem Werk zu verbannen.

Sie setzt sich damit diametral „dem freien und zwanglosen Gestus [...], mit dem sich der Leser der Tyrannei des Textes oder seiner Faszinationskraft entzieht, um mögliche Ausgänge in dem Repertoire des schon Gesagten zu finden"[61], entgegen. Dennoch wäre es ungerecht, Sarraute als tyrannischen Autor zu sehen, da sie – aus ihrer Sicht – den Leser von den Zwängen des konventionellen Romans befreien und ihn zu mehr Mitarbeit am Text „erziehen" möchte.

4.3 Der empirische Leser – tatsächliche Rezeption

Bisher ging es in diesem Kapitel nicht darum, den tatsächlichen, sondern den impliziten Leser, so wie ihn Sarraute sieht und ihn ihre Texte vorsehen, zu beschreiben. Aus Sicht Nathalie Sarrautes ist der Leser bezüglich ihrer Neuerungen am Roman widerspenstig. Realiter scheint er es allerdings auch zu sein, wie ein kurzer Blick auf die Rezeption der Werke Sarrautes zeigen soll. Da schriftliche Äußerungen hauptsächlich von Seiten der Literaturkritik vorhanden sind, und der Kritiker als erfahrener Leser die Rolle des widerspenstigen Lesers besonders betont, sollen die Kritiker selbst als Beispiele für den empirischen Leser dienen.[62]

Eco zufolge besteht eine Verpflichtung des Lesers, „sich dem Code des Senders so weit wie möglich anzunähern."[63] Kommt somit der widerspenstige Leser seiner Pflicht nicht nach? Gehörte es demnach vielleicht auch zur Aufgabe des Lesers, sich mit den theoretischen Schriften Sarrautes auseinanderzusetzen? – Soweit sollte man natürlich nicht gehen. Bedenkenswert ist jedoch die Tatsache, daß es nach Auseinandersetzung mit Theorien Nathalie Sarrautes schwer fällt, sich in den Zustand des „un-

---

61) Eco, S. 149.
62) Klaus Netzer verwendet beispielsweise den selben Kunstgriff der Gleichsetzung von Leser und Kritiker. Klaus Netzer, *Der Leser des Nouveau Roman*, Frankfurt a. M.: Athenäum, 1970.
63) Eco S. 78. Daneben schließt er aber die Existenz „eine[r] Ästhetik des freien, abweichenden, begehrlichen, hinterlistigen, boshaften Gebrauchs der Texte" (S. 73) nicht aus.

voreingenommenen"[64] Lesers zu versetzen.[65] Nichtsdestoweniger scheint es Leser, insbesondere Kritiker, zu geben, die es teilweise sogar trotz der Kenntnis der theoretischen Texte Sarrautes vorziehen, ihre Romane gemäß eigener Erklärungsschemata zu deuten, welche nicht selten eben jene am traditionellen Roman geschulten sind.

Ein Blick auf die Kritik zeigt, daß Sarrautes Werk häufig gegen den Strich gelesen wurde und wird. Die Rezensenten sehen eine typische Charakterintrige, wo Sarraute die Tropismen in den Fokus stellen will, und tun den Romanen eben durch die synthetische Sicht Gewalt an.[66] In dieselbe Richtung geht Sarrautes Kritik an Micheline Tison-Braun in ihrem Vortrag „Ce que je cherche à faire":

> [...] elle [Mme Tison-Braun, F. d. P.] a été amenée, *s'écartant d'une lecture textuelle*, à les [mes livres, F. d. P.] transposer dans un langage qui n'était pas le leur et où ont réapparu les définitions, les catégories psychologiques, sociales, morales que mes textes s'étaient efforcés de saper.[67]

Einmal abgesehen von den allgemeinen Streitpunkten, ob es nun erlaubt sei, Sarrautes Werk psychoanalytisch[68], soziologisch, anthropologisch oder

---

64) Allerdings stellt sich die Frage, ob man Leser/Kritiker, die mit einem Interpretationsrüstzeug operieren, das dem Roman des 19. Jahrhunderts angemessen ist, wirklich als „unvoreingenommen" bezeichnen kann. Jeder Leser/Kritiker wendet bei der Interpretation, dem Verstehenwollen eines neuen Buches eben jenes Rüstzeug an, das er sich im Laufe seiner Leseerfahrung anderer Werke angeeignet hat. Die Regeln der Fiktion sind zeitlich und kulturell abhängig, und wenn *discours indirect libre* und *monologue intérieur* zur Zeit ihres Aufkommens für damalige Leser ungewohnt waren, so gehören sie doch heute dem Verständnisbereich der meisten Leser an.

65) Für Ann Jefferson stellen Sarrautes Werke ohne die Hilfe der Essays ein „perplexing and difficult literary phenomenon" dar. Ann Jefferson, „Nathalie Sarraute – Criticism and the ‚Terrible Desire to Establish Contact'", S. 37.

66) Ich zitiere wiederum aus der Diskussion in Cerisy Nathalie Sarraute zur Rezeption von *Portrait d'un inconnu*:
> Alors quand les critiques ont dit: on a encore décrit cette éternelle avarice française déjà étudiée depuis Balzac, les bras me sont tombés: c'était ça précisément que je voulais détruire! [...] Cela se reconstruit fatalement dès qu'on l'arrache au texte pour le dire dans un autre langage, rempli déjà de définitions, de catégories... (Ricardou, van Rossum (Hrsg.), S. 52f.)

67) „Ce que je cherche à faire", S. 1706, Hervorhebung von mir, F. d. P.
Sarrautes Kritik bezieht sich auf den Vortrag von Micheline Tison-Braun, „L'art de la stylisation chez Nathalie Sarraute", in: Ricardou, van Rossum-Guyon (Hrsg.), S. 11–24.

68) Ich stimme mit Eco überein, wenn er psychoanalytische Analysen zum *Gebrauch* von Texten, nicht zur Interpretation zählt. Vgl. Eco, S. 224ff.

4.3 DER EMPIRISCHE LESER – TATSÄCHLICHE REZEPTION

auf welche text-externe Art auch immer zu interpretieren, finden sich erstaunlich viele Beispiele für Leser, die Sarraute schon im Kleinen, das heißt ihre Techniken mißverstehen. Hierfür möchte ich einige Beispiele geben:
Trotz aller Bemühungen Sarrautes, die *personnages* und *intrigue* in ihren Romanen zu unterminieren, um sie schließlich ganz zu zerstören, finden sich immer wieder Kritiken, die ihr besonderes Augenmerk auf die Romanfiguren setzen. So versucht Joachim Schulze in seinem Aufsatz von 1986 zu jedem Roman die *histoire* zu abstrahieren[69] und sieht Sarraute in der Tradition der französischen Moralistik, „denn einige dieser Skizzen [*Tropismes*, F. d. P.] weisen eine nicht zu übersehende Verwandtschaft mit der klassischen Kunst auf, ‚caractères‘ zu zeichnen."[70] Schulze extrahiert aus den Romanen genau wieder jene Typen, die Sarraute aus ihnen verbannen wollte, und geht sogar so weit, Sarrautes Pronominagebrauch, das heißt eine ihrer Techniken, den *personnage* zu zerstören, als Kennzeichen der Charakterzeichnung zu sehen: „Die unpersönliche Benennung der beschriebenen Personen ist im übrigen guter Moralistenbrauch."[71] Nichtsdestoweniger kennt Schulze Sarrautes Theorien. Er bescheinigt ihr jedoch ein gewisses Versagen im Hinblick auf ihr angebliches Hauptziel, das er in der Verwirklichung des „Prinzip[s] der Abstraktion und Gegenstandslosigkeit"[72] in der Literatur ausmacht.

Ein interessantes Beispiel für die Tendenz des Lesers, sich von den *personnages* ein Bild zu machen, ist die Tatsache, daß bei diversen Kritikern das Alter des Ich-Erzählers des Romans *Portrait d'un inconnu* falsch in Erinnerung bleibt. Zum Beispiel ist bei Gerda Zeltner in Bezug auf *Portrait d'un inconnu* und *Martereau* von „diese[n] jungen Männer[n]" die Rede[73], während Netzer vom „alten Mann"[74] spricht. Tatsächlich steht im Text jedoch folgende Aussage des Ich-Erzählers über sein Alter, als er

---

69) Joachim Schulze, „Nathalie Sarraute", in: Wolf-Dieter Lange (Hrsg.), *Französische Literatur des 20. Jahrhunderts. Gestalten und Tendenzen. Zur Erinnerung an Ernst Robert Curtius (14. April 1886 - 19. April 1956)*, Bonn: Bouvier, 1986, S. 345–358. Zum Beispiel bzgl. *Le Planétarium*: „Es geht um den Versuch, eine alte Tante dazu zu bewegen, ihre große repräsentative Wohnung ihrem Neffen und seiner Frau zu überlassen." (S. 352), oder zu *Les Fruits d'or*: „Dieser Roman handelt von der Meinungsbildung über eine literarische Neuerscheinung" (S. 352). Aber dies sind nur die Oberflächenthemen, die bloßen Träger der Tropismen. Um diese „geht es" gerade nicht!
70) Schulze, S. 345.
71) Schulze, S. 346.
72) Schulze, S. 347.
73) Gerda Zeltner, „Nathalie Sarraute", in: Wolf-Dieter Lange (Hrsg.), *Französische Literatur der Gegenwart. In Einzeldarstellungen*, Stuttgart: Kröner, 1971, S. 287–311, hier S. 289.
74) Netzer, S. 64

sein Spiegelbild betrachtet: „ce bonhomme «sur le retour»"[75]. Eine Erklärung für diese Fehleinschätzung der Kritiker könnte sein, daß die Leser sich bereits vor der entsprechenden Textstelle, die erst im letzten Viertel des Romans steht, ein Bild des Erzählers geschaffen haben, wohl anhand der kärglichen Informationen über den Erzähler, die anscheinend – keine Erwähnung einer Berufstätigkeit, Behütung durch die Eltern etc. – dazu verleiten, in ihm einen jugendlichen Müßiggänger zu sehen. Die genannten Kritiker erscheinen also als besonders widerspenstige Leser, die ihre verfrühten Hypothesen nicht einmal durch die klare Textaussage falsifizieren lassen.

Ein häufiges Mißverständnis trifft Sarrautes *sous-conversation*: sie wird nicht selten als Gedanken oder Monolog der Romanfiguren verstanden. So sieht Gerda Zeltner-Neukomm darin das „unterschwellige[ ] Gespräch, das sie [Sarraute, F. d. P.] der Konversation entgegensetzt"[76]. An anderer Stelle schreibt sie: „[...] [es] lassen sich [...] zwei Stimmen unterscheiden. Die eine spricht die «tatsächlichen» Gedanken und Worte der Figuren aus – ihre sous-conversation sowie ihre conversation; die andere übersetzt, was sie selber nie in Worte zu fassen vermöchte."[77] Zeltner-Neukomm scheint also *sous-conversation* und *monologue intérieur* zu verwechseln. Dem gleichen Mißverständnis sitzt auch Wanda Rupolo auf, wenn sie in Sarrautes Romanen „[...] dei soliloqui discontinui, dialoghi di un personaggio con se stesso, che fanno lucidamente da specchio a sensazioni e pensieri" sieht.[78] Ebenso bezeichnet Gerd Krause die *sous-conversation* als „die Form des verhüllten Gesprächs, in dem geheime Gedanken mitschwingen, aber die volle, eindeutige Aussprache scheuen."[79]

Ist dieses Mißverständnis nun „logisch" bedingt (d. h. versagt Sarrautes Technik) oder liegt es an der Verständnisträgheit der Leser? Eine Erklärung für das Mißverstehen der *sous-conversation* findet sich sicherlich beim von Sarraute etwas unglücklich gewählten Begriff *sous-conversation* in ihren theoretischen Schriften, bei dem viele die Betonung auf *conversation* sehen und darum meinen, es handele sich um eine andere Art der Konversation, während der Schwerpunkt jedoch auf der Vorsilbe *sous-* liegt,

---

75) *Portrait d'un inconnu*, S. 159.
76) Zeltner, „Nathalie Sarraute", S. 291.
77) Zeltner-Neukomm, *Die eigenmächtige Sprache*, S. 33 (Fehlende Kursivstellung der französischen Begriffe im Orig., F. d. P.).
78) Wanda Rupolo, *Il Linguaggio dell'immagine. Saggi di letteratura francese contemporanea*, Rom: Bonacci, 1979, S. 148.
79) Gerd Krause, *Tendenzen im französischen Romanschaffen des zwanzigsten Jahrhunderts. Nouveau Roman – Traditioneller Roman*, Frankfurt a. M. u. a.: Diesterweg, 1962, S. 41.

4.3 Der empirische Leser – tatsächliche Rezeption

wie Hans Rudolf Picard richtig konstatiert.[80] Zum anderen scheinen die Leser so am *monologue intérieur* geschult zu sein, daß sie diesen in der *sous-conversation* wiederzuerkennen meinen.

Ein anderes Mißverstehen betrifft die Bilderwelten in Sarrautes Romanen. Häufig wird das, was als Metapher zum Auslösen der Tropismen dienen soll, vom Leser wörtlich genommen. Helen Watson-Williams meint in *Tropismes* teilweise so etwas wie die Beschreibung von Kindheitstraumata wiederzuerkennen.[81] Anstatt sich zu fragen, welche Gefühlsregungen die Metaphern beim Leser auslösen (sollen), nimmt sie nur den Wortsinn der Bilder auf. Gerd Krause wiederum erkennt in Sarrautes Metaphorik zwar „das behutsame Herantasten an den Gegenstand, sein vorsichtiges Umkreisen und Einengen", interpretiert aber im gleichen Moment die Anhäufung von Vergleichen als Festlegung auf ein Ergebnis: „Sobald jedoch Klarheit über das Wesen der Erscheinung verbürgt ist, häufen sich parallele Wendungen, um das Ergebnis zu unterstreichen."[82] Krause sieht also das verbale Umkreisen mit einem Ergebnis enden und widerspricht damit dem Sarrauteschen Gedanken, daß Sprache den Kern des Auszusagenden nicht treffen kann.

Angesichts dieser etwas deprimierenden Lage[83] wird verständlich, wenn

---

80) Hans Rudolf Picard, „Die Rolle der direkten Rede und des Dialogs in Romanen der ‚sous-conversation' ", in: Renate Lachmann, (Hrsg.), *Dialogizität*, München: Fink, 1982, S. 131–140, hier S. 135:
> Im Sinne der zwischenpersonalen Beziehungen ist die sous-conversation keine Konversation, kein Gespräch, also kein Dialog. Sie ist ein Verständigungsinstrument in der Beziehung des Autors zu seinem Leser [...] Der wesentliche definitorische Anteil liegt also bei der Präsupposition ‚sous'.

81) Helen Watson-Williams, *The Novels of Nathalie Sarraute: Towards an Aesthetic*, Amsterdam: Rodopi, 1981, S. 37ff.
82) Krause, S. 45.
83) Man bedenke, daß es sich bei den hier ausgewählten Kritikern bzw. Literaturwissenschaftlern um solche handelt, die Sarrautes Werk gegenüber wohlgesonnen sind! Ein ganz anderes, wesentlich entmutigenderes Bild ergibt sich, wenn man jene Kommentare untersucht, welche Sarrautes Romane negativ beurteilen. Eine interessante Untersuchung der Kritikerstimmen findet sich bei Pierre Verdrager, welcher die Kritiken zu Sarraute nach der jeweiligen ihnen zugrundeliegenden Ästhetik bzw. Vorstellung vom guten/schlechten Roman und Schriftsteller unterteilt. Er macht dabei zwei gegensätzliche ästhetische Schemata aus, und zwar stark vereinfacht zusammengefaßt: auf der einen Seite das System, welches die vom Autor ins Schreiben investierte Mühe schätzt und vom Leser einen entsprechenden Kraftaufwand beim Lesen fordert (*régime de volition*), und auf der anderen Seite das System, welches schriftstellerisches Schaffen als Ausfluß einer gleichsam göttlichen Begabung sieht, welches ohne große Anstrengung leicht lesbare Lektüre produziert (*régime d'inspiration*). Der eine Teil der Kritiker

4 Das Werk und sein Leser – Rezeption und Wirkung

Sarraute sich gezwungen sieht, ihren Romanen sozusagen einen „Waschzettel", eine kleine Interpretationshilfe für die Kritiker, beizulegen, wie z. B. folgende *prière d'insérer* von *Entre la vie et la mort*:

> Le lecteur qui se laisserait aller à son habitude de chercher partout des personnages, qui perdrait son temps à vouloir caser à toute force les mouvements, les tropismes qui constituent la substance de ce livre, s'apercevrait que ses efforts pour les loger convenablement l'ont amené à construire un héros, fait de pièces disparates, qui peut difficilement tenir debout.[84]

Betrachtet man Sarrautes „Gesamttext", könnte man fast glauben, daß alle Texte zusammen – Romane, Essais, Klappentexte, Vorträge etc. – eine Schule des Lesens für Nathalie Sarrautes belletristische Werke darstellen. Daß ein Leser diese Schule auch zum Verstehen-Können der Sarrauteschen Texte durchlaufen muß, kann ob der vorgestellten Beispiele von Mißverständnissen vermutet, jedoch nicht bewiesen werden.[85]

---

des *régime d'inspiration* wirft Sarraute vor, mit ihrer künstlichen, verkopften Intellektuellen-Arbeit den Leser zu überfordern und mit der Einnahme einer pädagogischen Rolle gegenüber Ihren Lesern das Gleichgewicht zwischen Autor, Leser und Werk zu zerstören. Ein anderer Teil dieser Kritikrichtung sieht hingegen Sarraute als inspirierte Autorin, die nicht selbst schreibt, sondern durch die quasi „es" schreibt. Die Kritiker des *régime de volition* bewundern wiederum die harte geistige Arbeit, welche Sarraute investiert, und ihre Leistung bei der Erneuerung der Literatur.
Pierre Verdrager, „Sociologie a-critique de la critique journalistique: le cas de Nathalie Sarraute", in: Pascale Foutrier (Hrsg.), *Nathalie Sarraute, éthiques du tropisme*, S. 213–242. (= Abstract einer Doktorarbeit, die unter folgenden Titeln erschienen ist: Pierre Verdrager, *La réception de la littérature par la critique journalistique: le cas de Nathalie Sarraute*, Lille: Presses du Septentrion, 2000 – Pierre Verdrager, *Le Sens critique: La Réception de Nathalie Sarraute par la presse*, Paris: L'Harmattan, 2001.)

84) „Notes" zu *Entre la vie et la mort*, in: *Œuvres complètes*, S. 1863.
85) Aus eigener Erfahrung würde ich jedoch behaupten, daß sich eine Annäherung an Sarrautes erwünschte Effekte auch bei der Erstlektüre eines ihrer Romane erfahren läßt.

5 Zusammenfassung

„Servendosi delle forme più diverse, Nathalie Sarraute non ha fatto in fondo che riscrivere sempre uno stesso libro"[1], schreibt Wanda Rupolo 1979. Es lohnt sich, näher zu betrachten, inwiefern diese Aussage tatsächlich auf das Gesamtwerk Nathalie Sarrautes zutrifft. Bei der Frage nach einer möglichen Entwicklung muß eine Unterscheidung zwischen thematischen und technischen Aspekten vorgenommen werden.

Thematisch betrachtet, können die verschiedenen Werke tatsächlich als Variationen (wie Rupolo sagt „des immer gleichen Buches") gesehen werden. Zum einen gilt dies für die Bereiche Sprachgebrauch, Kunst und zwischenmenschliches Reaktionsverhalten. Diese behandelt Sarraute in jedem Roman mit einer anderen Schwerpunktsetzung, wobei jedoch alle Themenbereiche stets gegenwärtig sind. Immer aber ist der Tropismus ungenanntes Thema und zugleich Zielpunkt der fiktionalen Texte: Ihn möchte Sarraute durch ihr Schreiben in assoziativen Bildern wieder aufleben lassen; ihn will sie beim Leser auslösen. Es ergibt sich hierbei das Paradox, daß das Haupt-„Thema" Nathalie Sarrautes nie in den fiktionalen Texten explizit angesprochen wird, aber alle Werke in gewisser Weise das Mittel zum Zwecke seiner Analyse und Erzeugung beim Leser sind.

Gegenüber dieser Konstanz der Themen findet sich eine Weiterentwicklung der Techniken, die Sarraute auf das Auslösen des Tropismus beim Leser hin konzipiert. Hier erfolgen Änderungen an der *histoire*- und *récit*-Ebene, mit denen die Autorin die Handlungslastigkeit des traditionellen Romans aufzubrechen versucht. Der Schwerpunkt soll von der Außenhandlung und den Romancharakteren auf die Innerlichkeit der tropismalen Mikropsychologie verlegt werden. Zugleich will Sarraute die mit dem klassischen *histoire*-Schwerpunkt verbundene rationale Auseinandersetzung des Lesers mit dem Text untergraben. Im Laufe ihres Gesamtwerkes entfernt sich Sarraute immer weiter von der Darstellung von *intrigue* und *personnages*, indem sie immer stärker auf ein Ich intern fokalisiert, um schließlich auf die ganz anders geartete, nicht-personale Ebene der Wörter-Akteure in *Ouvrez* zu gelangen. So kann Gretchen Rous Besser denn eine grundsätzliche „increasingly abstract progression of Sarrautes work" feststellen.[2]

---

1) Wanda Rupolo, *Il Linguaggio dell'immagine. Saggi di letteratura francese contemporanea*, Rom: Bonacci, 1979, S. 157.
2) Gretchen Rous Besser, „Sarraute, Nathalie, *Tu ne t'aimes pas*", The French Re-

5 ZUSAMMENFASSUNG

Auf der Ebene der suggestionsfördernden Bilder bleibt Sarraute im großen und ganzen bei ähnlichen Bildbereichen, auch wenn zum Beispiel eine Abkehr von den vegetalen Metaphern der ersten Romane auszumachen ist. Auf der semantischen Ebene versucht sie, sich durch Bilder, rhythmische Effekte und Tonfall dem Tropismus tastend anzunähern bzw. ihn beim Leser auszulösen, ohne daß dieser die Empfindungen zu benennbaren Gefühlen abstrahieren können soll.

Dadurch, daß Sarraute ihre Romane immer abstrakter gestaltet, wird auch offenbar, daß sie bei ihren Lesern ebenfalls eine Entwicklung zu erkennen glaubt – oder doch nur erhofft? Während sie in ihren ersten Romanen noch das Bedürfnis hat, die Elemente des traditionellen Romans wie *intrigue* und *personnages* vor den Augen des Lesers als literarische Konstrukte bloßzulegen, verläßt sie sich ab *Les Fruits d'or* vermehrt darauf, daß dies nicht mehr nötig ist. Gleichzeitig ist eine weniger implizite Auseinandersetzung mit den Themen Empfindung und psychische Beschaffenheit des Menschen konstatierbar: In *L'Usage de la parole* nimmt Sarraute ihren Leser bei der Hand, um mit ihm tropismenauslösende Sätze zu erforschen. *Tu ne t'aimes pas* ist eine explizite Abhandlung über das Thema Persönlichkeit und Konstrukthaftigkeit der Vorstellungen, die die Menschen voneinander haben. Während Sarraute in den Anfangswerken also den Schwerpunkt mehr auf das Auflösen traditioneller Erzählmuster und die unterschwellige Suggestion der Tropismen legt, geht sie mit den späteren Werken zu einer expliziteren Analyse über, da sie beim Leser eine zunehmende Übereinkunft mit ihren literarischen und philosophischen Konzepten voraussetzt.

Die Untersuchung der tatsächlichen Rezeption hat jedoch gezeigt, daß Sarraute in ihrer Hoffnung auf eine Entwicklung des Verständnisses auf Leserseite oft enttäuscht wird. Sarrautes Techniken zur Auflösung traditioneller Erzählformen und zur Tropismensuggestion scheinen nicht immer zu greifen: Viele Leser und Kritiker folgen weiterhin traditionellen Interpretationsschemata, mit denen sie am thematischen Schwerpunkt des Sarrauteschen Werkes vorbeisteuern.

Was Sarrautes Gesamtwerk betrifft, scheint die eingangs zitierte Bemerkung von Wanda Rupolo zuzutreffen, sofern man ihre „forme più diverse" als wechselnde Hintergrundthemen und Techniken, das „stesso libro" hingegen als das Tropismenthema interpretiert: Es läßt sich eine Konstanz bezüglich des Hauptthemas Tropismus sowie ihrer Vorstellung von der Konventionalität von Sprache, jedoch eine Variation der Einzelthemen sowie der dargestellten tropismenauslösenden Objekte (Gegenstände, Sätze etc.)

---

view 64 (1990), H. 2, 391–392, hier S. 391.

feststellen. Die zur Annäherung an den Tropismus verwendeten Techniken paßt Sarraute hierbei in gewisser Weise dem – vermuteten – wachsenden Verständnis des Lesers für modernes Schreiben im allgemeinen und ihren eigenen Stil im besonderen an: In dem Maße, wie Sarraute beim Leser ein besseres Verständnis zu konstatieren meint, erlaubt sie sich, immer weiter von traditionellen Erzählmustern abzurücken.[3]

In Sarrautes Werk sind die untersuchten Elemente nicht so getrennt zu betrachten wie hier vorgestellt. Die strukturelle und semantische Ebene der Sarrauteschen Texte spiegelt immer zugleich die künstlerischen und philosophischen Vorstellungen der Autorin. Das Tastende der Sprache, das ihr Werk durchgängig kennzeichnet, soll nicht nur beim Leser die rationale Verarbeitung erschweren, sondern thematisiert zugleich Sarrautes mißtrauische Einstellung gegenüber der Ausdrucksfähigkeit von Sprache. Somit trifft ihr Hinterfragen von konventionellen Begrifflichkeiten und Konzepten nicht zuletzt auch das Instrumentarium des Literaturwissenschaftlers: Wenn Sarraute zum Beispiel erklärt, bei ihr gehe die Handlung von der Außenebene auf die Ebene des Tropismus über, so verliert der Begriff „Handlung" seine ursprüngliche Festlegung auf Aktion von *personnages*, und es wird schwer, das Verhältnis von *histoire* und *récit* klar zu bestimmen. Von Anfang an stellt Sarrautes schriftstellerische Praxis auch philologische Untersuchungskategorien in Frage.

---

3) Zur Entwicklung in Sarrautes Werken siehe vergleichend: Françoise Asso, *Nathalie Sarraute. Une écriture de l'effraction*, Paris: PUF, 1995, S. 1; Valerie Minouge, *Nathalie Sarraute and the War of the Words – A study of five novels*, Edinburgh: Edinburgh University Press, 1981, S. 21; dies., „De *Portrait d'un inconnu* à *Tu ne t'aimes pas*: un trajet à travers les mots", *Roman 20–50* 25 (1998), H. Juni, 51–61, hier S. 53; Emer O'Beirne, *Reading Nathalie Sarraute: dialogue and distance*, Oxford u. a: Clarendon Press, 1999, S. 3; Sabine Raffy, *Sarraute romancière. Espaces intimes*, New York u. a: Lang, 1988, S. 1; dies., „Avant-propos", in: dies. (Hrsg.), *Autour de Nathalie Sarraute*, S. 7–15, hier S. 11; Helen Watson-Williams, *The Novels of Nathalie Sarraute: Towards an Aesthetic*, Amsterdam: Rodopi, 1981, S. ii.

Literaturverzeichnis

5.1 Verwendete Ausgaben der Werke von Nathalie Sarraute

5.1.1 Textausgaben

SARRAUTE, Nathalie, Œuvres complètes, édition publiée sous la direction de Jean-Yves Tadié, avec la collaboration de Viviane Forrester, Ann Jefferson, Valerie Minogue et Arnaud Rykner, Paris: Gallimard (Bibliothèque de la Pléiade), 1996.

— Ouvrez, Paris: Gallimard, 1997.

— Aufmachen, aus dem Französischen von Erika Tophoven, Köln: Kiepenheuer & Witsch, 2000.

5.1.2 Tondokumente

HEINRICHS, Hans-Jürgen, Aufmachen! - Nathalie Sarraute und ihr Werk, DLF 2000.

SARRAUTE, Nathalie, Die Lüge, aus dem Französischen von Elmar Tophoven, Regie: Heinz von Kramer; Süddeutscher Rundfunk in Zusammenarbeit mit dem Bayerischen Rundfunk und Radio Bremen 1966.

— Kindheit, in der Bühnenfassung von Simone Benmussa; für den Rundfunk eingerichtet und inszeniert von Jörg Jannings; Bayerischer Rundfunk, Rias Berlin, Schweizerischer Rundfunk 1983.

— Tropismes - Le Mot Amour - Ich sterbe, lus par Nathalie Sarraute et Madeleine Renaud, Regie: Simone Benmussa; Éd. des femmes 1981, 1 Audiocassette.

— Tu ne t'aimes pas, texte intégral, lu par l'auteur, Regie: Antoinette Fouque; Éd. des femmes 1990, 4 Audiocassetten.

5.2 Weitere Primärtexte

RILKE, Rainer Maria, *Die Aufzeichnungen des Malte Laurids Brigge*, herausgegeben von Bettina Hesse, Köln: Könemann, 1999.

5.3 Wissenschaftliche Texte

ADAM, Jean Michel, *Linguistique et discours littéraire. Théorie et pratique des textes*, Paris: Larousse, 1976.

ADERT, Laurent, *Les Mots des autres. Lieu commun et création romanesque dans les œuvres de Gustave Flaubert, Nathalie Sarraute et Robert Pinget*, Villeneuve d'Ascq: Presses universitaires du Septentrion, 1996.

ALAZET, Bernard, „Nathalie Sarraute à Cerisy-la-Salle", *Revue des Sciences Humaines* 93 (1990), H. 217, 163–166.

— „‚Entre la vie et la mort' – Le tragique en éclats", *Revue des Sciences Humaines* 93 (1990), H. 217, 39–48.

ALLEMAND, André, *L'œuvre romanesque de Nathalie Sarraute*, Neuchâtel: La Baconnière, 1980.

ALLEMAND, Roger-Michel (Hrsg.), *Le «Nouveau Roman» en questions. «Nouveau Roman» et archétypes*, 2 Bde., Paris: Lettres Modernes, 1992/1993.

ASSO, Françoise, *Nathalie Sarraute. Une écriture de l'effraction*, Paris: PUF, 1995.

— „La forme du dialogue", *L'esprit créateur* 36 (1996), H. 2, 9–20.

AURY, Dominique, „Nathalie Sarraute, Le Planétarium (Gallimard)", *La Nouvelle Revue française* (1959), H. Juli, 136–137.

BAUDE, Michel, „Le monde de silence dans l'œuvre romanesque de Nathalie Sarraute", in: Raffy, Sabine (Hrsg.), *Autour de Nathalie Sarraute* (s. u.), S. 179–195.

5.3 Wissenschaftliche Texte

BAUDIN, Henri; BOURGEOIS, René, „Nathalie Sarraute, *Le Planétarium*", in: dies. (Hrsg.), *De Proust au nouveau roman*, Paris: Masson, 1971, S. 187–190.

BEALE, Kenneth D., „Sarah Barbour, *Nathalie Sarraute and the feminist reader: identities in progress*", *L'esprit créateur* 36 (1996), H. 2, 117–118.

BEDESCHI, Andrea, „Il *trompe-l'œil* pronominale. *Tu ne t'aimes pas* di Nathalie Sarraute", *Francofonia* 16 (1996), H. 31, 3–20.

BELL, Sheila M., *Nathalie Sarraute. A bibliography*, London: Grant & Cutler, 1982.

— „Orchestred voices. Selves and others in Nathalie Sarraute's *Tu ne t'aimes pas*", in: Cardy, Michael; Evans, George; Jacobs, Gabriel (Hrsg.), *Narrative Voices in Modern French Fiction, Studies in Honour of Valerie Minogue*, Cardiff: University of Wales Press, 1997, S. 13–35.

— „Des voix orchestrées: *Tu ne t'aimes pas* de Nathalie Sarraute", *Roman 20-50* 25 (1998), H. Juni, 109–124.

BENMUSSA, Simone, *Entretiens avec Nathalie Sarraute*, Tournai (Belgique): La Renaissance du Livre, 1999.

BESSER, Gretchen Rous, „Sarraute, Nathalie, *Tu ne t'aimes pas*", *The French Review* 64 (1990), H. 2, 391–392.

BESSIÈRE, Jean, „Théories romanesques contemporaines et littéralité. Quelques notes sur Lukács, Alain, Barthes et Sarraute", in: ders. (Hrsg.), *La littérature et sa rhétorique*, Paris: PUF, 1999, S. 281–295.

BLOCH, Béatrice, *Le roman contemporain: Liberté et plaisir du lecteur. Butor, des Forêts, Pinget, Sarraute...*, Paris u. a: L'Harmattan, 1998.

BOBLET-VIART, Marie-Hélène, „Vers une poétique du roman dialogué: *Tu ne t'aimes pas* (1989)", *Roman 20-50* 25 (1998), H. Juni, 125–138.

BOISDEFFRE, Pierre de, *Où va le Roman ? – Essai*, Paris: Del Duca, 1972.

BOUÉ, Rachel, *Nathalie Sarraute, la sensation en quête de parole*, Paris u. a: L'Harmattan, 1997.

— „Le drame de la parole chez Nathalie Sarraute", in: Foutrier, Pascale (Hrsg.), *Nathalie Sarraute, éthiques du tropisme*, (s. u.), S. 153–167.

BRÉE, Germaine, „Le ,for intérieur' et la traversée du siècle", *L'esprit créateur* 36 (1996), H. 2, 37–43.

BROWN, John L., „Nathalie Sarraute, *Ouvrez*", *World literature today* 72 (1998), H. 2, 339.

BRULOTTE, Gaetan, „Le gestuaire de Nathalie Sarraute", *Revue des Sciences Humaines* 93 (1990), H. 217, 75–95.

CALIN, Françoise, „Les voix narratives dans *Enfance*: Mise en question – et mise en page – de l'autobiographie", in: Raffy, Sabine (Hrsg.), *Autour de Nathalie Sarraute* (s. u.), S. 197–209.

CALLE-GRUBER, Mireille, „Nathalie Sarraute ou l'invention du tropisme en littérature", *Avantgarde* 4 (1990), 121–134.

CARDY, Michael; EVANS, George; JACOBS, Gabriel (Hrsg.), *Narrative Voices in Modern French Fiction, Studies in Honour of Valerie Minogue*, Cardiff: University of Wales Press, 1997.

CIXOUS, Hélène, „À celle qui me parle", *Littérature* (2000), H. 118, 7–10.

CLAYTON, Alan J., *Nathalie Sarraute ou le tremblement de l'écriture*, Paris: Lettres modernes, 1989.

— „« Coucou... attrapez-moi... »", *Revue des Sciences Humaines* 93 (1990), H. 217, 9–22.

— „Nathalie Sarraute et R. M. Rilke. Une course de relais jamais interrompue", in: Allemand, Roger-Michel (Hrsg.), *Le « Nouveau Roman » en questions. « Nouveau Roman » et archétypes*, Bd. 2, Paris: Lettres Modernes, 1993, S. 67–92.

COENEN-MENNEMEIER, Brigitta, *Nouveau Roman*, Stuttgart, Weimar: Metzler, 1996.

COHN, Ruby, „Nathalie Sarraute et Virginia Woolf: ‚Sisters under the skin'", in: Matthews, J. H. (Hrsg.), *Un Nouveau Roman ? Recherches et tradition*, Paris: Lettres Modernes, 1964, S. 167–180.

DAVID, Nicolette, „The violence of writing in Nathalie Sarraute's *Les Fruits d'or* and *«disent les imbéciles»*", *French Studies* 54 (2000), H. 2, 163–176.

DE GAUDEMAR, Antoine, „La vie des animots", *La Libération* vom 02.10.1997.

DELLA SANTA, André, „Nathalie Sarraute ou la pérennité de l'invention", in: ders., *Une culture de l'imagination ou L'invention en rhétorique*, Genf: Patiño, 1986, S. 111–123.

DESORMIÈRE, Catherine, „Nathalie Sarraute et R. M. Rilke. La lisière de la métamorphose", in: Allemand, Roger-Michel (Hrsg.), *Le «Nouveau Roman» en questions. «Nouveau Roman» et archétypes*, Bd. 2, Paris: Lettres Modernes, 1993, S. 93–119.

dtv-Lexikon in 20 Bänden, Mannheim, München: Brockhaus, dtv, 1999.

DUBOIS, Jacques, „Avatars du monologue intérieur dans le Nouveau Roman", in: Matthews, J. H. (Hrsg.), *Un Nouveau Roman ? Recherches et tradition*, Paris: Lettres Modernes, 1964, S. 17–29.

DUGAST-PORTES, Francine, „*Tu ne t'aimes pas*: construction et enjeux d'un plaidoyer", *Roman 20-50* 25 (1998), H. Juni, 89–107.

DUPONT, Jacques, „Corps de l'œuvre, corps à l'œuvre", in: Raffy, Sabine (Hrsg.), *Autour de Nathalie Sarraute* (s. u.), S. 91–100.

ECO, Umberto, *Lector in fabula*, aus dem Italienischen von Heinz-Georg Held, München, Wien: Hanser, 1987.

ÉLAHO, Raymond Osemwegie, *Entretiens avec le nouveau roman: Michel Butor, Robert Pinget, Alain Robbe-Grillet, Nathalie Sarraute, Claude Simon*, Sherbrooke, Québec: Naaman, 1985.

EZINE, Jean Louis, *Les Écrivains sur la sellette*, Paris: Seuil, 1981.

FINAS, Lucette, „Les métamorphoses du verbe", in: Ouellet, Réal (Hrsg.), *Les Critiques de notre temps et le Nouveau Roman*, Paris: Garnier, 1972, S. 55–59.

— *Le Bruit d'Iris. Essais*, Paris: Flammarion, 1978.

— „Le cœur transpercé des statues de cire", *Littérature* (2000), H. 118, 15–24.

FOUTRIER, Pascale, „La conscience en éclats: la généalogie de l'identité personnelle dans *Tu ne t'aimes pas* et *Portrait d'un inconnu*", *Roman 20-50* 25 (1998), H. Juni, 77–88.

— (Hrsg.), *Nathalie Sarraute, éthiques du tropisme: actes du Colloque Nathalie Sarraute, 7 mai 1999*, Paris: L'Harmattan, 2000.

— „Nathalie Sarraute et le jugement esthétique: critique de la critique", in: dies. (Hrsg.), *Nathalie Sarraute, éthiques du tropisme* (s. o.), S. 85–110.

GENETTE, Gérard, „Discours du récit", in: ders., *Figures III*, Paris: Seuil, 1972, S. 65–273.

— *Nouveau Discours du récit*, Paris: Seuil, 1983.

— *Die Erzählung*. Aus dem Französischen von Andreas Knop, mit einem Vorwort herausgegeben von Jürgen Vogt, München: Fink, 1994 (UTB für Wissenschaft).

GIGNOUX, Anne Claire, „Nathalie Sarraute, une leçon de rhétorique", *Les Lettres Romanes* 53 (1999), H. 1–2, 137–143.

GLEIZE, Joëlle, *Joëlle Gleize présente* Les Fruits d'Or *de Nathalie Sarraute*, Paris: Folio, 2000.

5.3 Wissenschaftliche Texte

— ; LEONI, Anne (Hrsg.), *Nathalie Sarraute, un écrivain dans le siècle: actes du Colloque international, janvier 1996, Université de Provence*, Aix-en-Provenc: PUP, 2000.

HAYER, Horst Dieter, „Zwei Erzählsysteme des *nouveau roman*. Sarraute und Robbe-Grillet", in: Bürger, Peter (Hrsg.), *Vom Ästhetizismus zum Nouveau Roman. Versuche kritischer Literaturwissenschaft*, Frankfurt a. M.: Athenaion, 1975, S. 163–191.

HEATH, Stephen, *The Nouveau Roman: A Study in the Practice of Writing*, London: Elek, 1972.

HEINRICHS, Hans-Jürgen, „Ich akzeptiere den Tod. Das letzte Gespräch mit der großen französischen Schriftstellerin Nathalie Sarraute", *Die Zeit*, Nr. 44 vom 28.10.1999, S. 56.

— „Kunst als Erforschung neuer Wirklichkeiten. Summe eines Schriftstellerlebens: Gespräche mit der 99-jährigen Nathalie Sarraute – wenige Wochen vor ihrem Tod", *Süddeutsche Zeitung*, Nr. 252 vom 30./31.10./ 01.11.1999, Wochenendbeilage S. III.

HEWITT, Leah D., „Mots de contacts, mots d'attaque: les travestissements de l'identité", in: Raffy, Sabine (Hrsg.), *Autour de Nathalie Sarraute* (s. u.), S. 211–224.

HILMES, Carola, „Die Polyphonie des Ich. Überlegungen zu *Tu ne t'aimes pas* von Nathalie Sarraute", *Zeitschrift für Literaturwissenschaft und Linguistik* 25 (1995), H. 99, 116–123.

HOWLETT, Jacques, „Les Tropismes de Nathalie Sarraute", *Esprit* 26 (1958), H. 263–264, 72.

— „Distance et Personne dans quelques romans d'aujourd'hui", *Esprit* 26 (1958), H. 263–264, 87–90.

ISER, Wolfgang, *Der Akt des Lesens. Theorie ästhetischer Wirkung*, München: Fink, 1976.

JANVIER, Ludovic, *Une Parole exigeante. Le nouveau roman*, Paris: Minuit, 1964.

JEAN, Raymond, *Pratique de la littérature. Roman/Poésie*, Paris: Seuil, 1978.

JEFFERSON, Ann, *The nouveau roman and the poetics of fiction*, Cambridge u. a: Cambridge University Press, 1980.

— „Nathalie Sarraute – Criticism and the ‚Terrible Desire to Establish Contact'", in: Cardy, Michael; Evans, George; Jacobs, Gabriel (Hrsg.), *Narrative Voices in Modern French Fiction* (s. o.) S. 37–56.

— „Entre fusion et rupture: les modes de la subjectivité sarrautienne", in: Foutrier, Pascale (Hrsg.), *Nathalie Sarraute, éthiques du tropisme*, (s. o.), S. 71–83.

JOSIPOVICI, Gabriel, „Us and them – Nathalie Sarraute, *Tu ne t'aimes pas*", *The Times Literary Supplement*, Nr. 4515 vom 13.–19.10.1989, S. 1130.

KING, Adele, *French Women Novelists. Defining a Female Style*, Basingstoke u. a: Macmillan, 1989.

KRAUSE, Gerd, *Tendenzen im französischen Romanschaffen des zwanzigsten Jahrhunderts. Nouveau Roman – Traditioneller Roman*, Frankfurt a. M. u. a: Diesterweg, 1962.

LASSALLE, J., „Le théâtre de Nathalie Sarraute ou la scène renversée", *L'esprit créateur* 36 (1996), H. 2, 63–74.

LE HUENEN, Roland, „Le regard, les signes et le sujet: à propos du ‚Planétarium'", *Revue des Sciences Humaines* 93 (1990), H. 217, 113–126.

LEJEUNE, Philippe, „Aussi liquide qu'une soupe", in: Raffy, Sabine (Hrsg.), *Autour de Nathalie Sarraute* (s. u.), S. 63–90.

LÉONARD, Martine, „Le tropisme de A à Z", in: Raffy, Sabine (Hrsg.), *Autour de Nathalie Sarraute* (s. u.), S. 127–147.

5.3 Wissenschaftliche Texte

LEUBE, Eberhard, „Aspekte der literarischen Tradition im Nouveau Roman. Nathalie Sarraute und ‚Le Planétarium'", in: Leube, Eberhard; Schrader, Ludwig (Hrsg.), *Interpretation und Vergleich. Festschrift für Walter Pabst*, Berlin: Schmidt, 1972, S. 184–206.

MATTHEWS, J. H. (Hrsg.), *Un Nouveau Roman ? Recherches et tradition*, Paris: Lettres Modernes, 1964.

— „Nathalie Sarraute et la présence des choses", in: ders. (Hrsg.), *Un Nouveau Roman ? Recherches et tradition*, Paris: Lettres Modernes, 1964, S. 181–198.

MAURIAC, Claude, *L'Alittérature contemporaine. Artaud, Bataille, Beckett, Kafka, Leiris, Michaux, Miller, Robbe-Grillet, Nathalie Sarraute, etc.*, Paris: Albin Michel, 1958.

MCLURE, Roger, *Sarraute: Le planétarium*, London: Grand & Cutler, 1987.

MIGUET, Marie, „Nathalie Sarraute et les chefs-d'œuvre inconnus (lecture intertextuelle de ‚Portrait d'un Inconnu')", *Revue des Sciences Humaines* 93 (1990), H. 217, 127–138.

— „Le grégarisme dans l'œuvre romanesque de Nathalie Sarraute", in: Raffy, Sabine (Hrsg.), *Autour de Nathalie Sarraute* (s. u.), S. 225–240.

MIGUET-OLLAGNIER, Marie, „Entre Proust et Sarraute", in: Allemand, Roger-Michel (Hrsg.), *Le « Nouveau Roman » en questions. « Nouveau Roman » et archétypes*, Bd. 2, Paris: Lettres Modernes, 1993, S. 119–152.

MINOGUE, Valerie, „Nathalie Sarraute's *Le Planétarium*. The Narrator Narrated", *Forum for Modern Language Studies* 9 (1973), H. 3, 217–234.

— „Distortion an creativity in the subjective viewpoint: Robbe-Grillet, Butor and Nathalie Sarraute", *Forum for Modern Language Studies* 12 (1976), 37–49.

— *Nathalie Sarraute and the War of the Words – A study of five novels*, Edinburgh: Edinburgh University Press, 1981.

— „Le cheval de Troie. A propos de *Tu ne t'aimes pas*", *Revue des Sciences Humaines* 93 (1990), H. 217, 151–161.

— „L'enfant et les sortilèges ou l'enfant d'éléphant au pays des mythes", in: Raffy, Sabine (Hrsg.), *Autour de Nathalie Sarraute* (s. u.), S. 49–62.

— „De *Portrait d'un inconnu* à *Tu ne t'aimes pas*: un trajet à travers les mots", *Roman 20-50* 25 (1998), H. Juni, 51–61.

— „Nathalie Sarraute (1900–1999): A tribute", *Romance Studies* 17 (1999), H. 2, iii–vi.

MYLNE, Vivienne G., *Le Dialogue dans le roman français de Sorel à Sarraute*, Paris: Universitas, 1994.

NETZER, Klaus, *Der Leser des Nouveau Roman*, Frankfurt a. M.: Athenäum, 1970.

NEWMAN, Anthony S., *Une Poésie des Discours. Essai sur les romans de Nathalie Sarraute*, Genf: Droz, 1976.

— „Enfance de l'écriture, l'écriture d'*Enfance*", in: Raffy, Sabine (Hrsg.), *Autour de Nathalie Sarraute* (s. u.), S. 37–48.

— „Le sentiment de culpabilité: domaine tropismique par excellence?", *L'esprit créateur* 36 (1996), H. 2, 89–102.

O'BEIRNE, Emer, *Reading Nathalie Sarraute: dialogue and distance*, Oxford u. a: Clarendon Press, 1999.

ORR, Mary, „The Space of Satire: *Le Planétarium* by Nathalie Sarraute", *Forum for Modern Language Studies* 30 (1994), H. 4, 365–373.

OUELLET, Réal (Hrsg.), *Les Critiques de notre temps et le Nouveau Roman*, Paris: Garnier, 1972.

5.3 Wissenschaftliche Texte

PICARD, Hans Rudolf, „Die Rolle der direkten Rede und des Dialogs in Romanen der ‚sous-conversation'", in: Lachmann, Renate (Hrsg.), *Dialogizität*, München: Fink, 1982, S. 131–140.

PIERROT, Jean, *Nathalie Sarraute*, Paris: Corti, 1990.

— „Le thème de l'art dans *Vous les entendez ?*", in: Raffy, Sabine (Hrsg.), *Autour de Nathalie Sarraute* (s. u.), S. 101–115.

— „L'écrivain en miroir", *Revue des Sciences Humaines* 93 (1990), H. 217, 59–73.

— „Connivence et exclusion dans l'œuvre romanesque de Nathalie Sarraute", in: Foutrier, Pascale (Hrsg.), *Nathalie Sarraute, éthiques du tropisme*, (s. o.), S. 13–47.

PINGAUD, Bernard, „Y a-t-il quelqu'un ?", *Esprit* 26 (1958), H. 263–264, 83–85.

— *L'expérience romanesque. Essais*, Paris: Gallimard, 1983.

RAFFY, Sabine, *Sarraute romancière. Espaces intimes*, New York u. a: Lang, 1988.

— (Hrsg.), *Autour de Nathalie Sarraute, Actes du Colloque international de Cerisy-La-Salle des 9 au 19 juillet 1989 sous la direction de Valerie Minogue et Sabine Raffy*, Paris: Les belles lettres, 1995.

— „L'espace et le mythe dans *Vous les entendez ?*", in: dies. (Hrsg.), *Autour de Nathalie Sarraute* (s. o.), S. 19–29.

RAILLARD, Georges, „Nathalie Sarraute et la violence du texte (à propos du *Planétarium*)", in: Ouellet, Réal (Hrsg.), *Les Critiques de notre temps et le Nouveau Roman*, Paris: Garnier, 1972, S. 60–62.

RAMBURES, Jean Louis de, *Comment travaillent les écrivains ?*, Paris: Flammarion, 1978.

RAMSEY, Raylene, „The Unself-loving Woman in Sarraute's *Tu ne t'aimes pas*", *The French Review* 67 (1994), H. 5, 793–802.

RICARDOU, Jean; ROSSUM-GUYON, Françoise van (Hrsg.), *Nouveau Roman: hier, aujourd'hui*, Bd. II: *Pratiques*, Paris: U. G. E., 1972.

RIVIÈRE, Jean-Loup, „L'opération du théâtre", *L'esprit créateur* 36 (1996), H. 2, 103–108.

ROBBE-GRILLET, Alain, *Pour un nouveau roman*, Paris: Minuit, 1963.

Le Nouveau Petit Robert. Dictionnaire alphabétique et analogique de la langue française, herausgegeben von Rey-Debove, Josette; Rey, Alain, Paris: Le Robert, 1993.

ROUDAUT, Jean, „Nathalie Sarraute: *Tu ne t'aimes pas*: Gallimard", *La Nouvelle Revue française* (1990), H. 445 (Februar), 95–98.

ROUDIEZ, Leon Samuel, *French Fiction revisited*, Elmwood Park (Ill.): Dalkey Archive Press, 1991.

RUPOLO, Wanda, *Il Linguaggio dell'immagine. Saggi di letteratura francese contemporanea*, Rom: Bonacci, 1979.

RYKNER, Arnaud, „Des tropismes de l'acteur à l'acteur des tropismes", *Revue des Sciences Humaines* 93 (1990), H. 217, 139–147.

— „Théâtre et cruauté: Les écorchés de la parole", in: Raffy, Sabine (Hrsg.), *Autour de Nathalie Sarraute* (s. o.), S. 241–255.

SAMOYAULT, Tiphaine, „Des choses sans objet", *Littérature* (2000), H. 118, 25–34.

SAYRE, Robert, *Solitude in society. A Sociological Study in French Literature*, Cambridge (Mass.), London: Harvard University Press, 1978.

SCHEUNEMANN, Dietrich, „Ansichten des modernen Romans", *Arcadia 27* (1992), 47–94.

SCHULZE, Joachim, „Nathalie Sarraute", in: Lange, Wolf-Dieter (Hrsg.), *Französische Literatur des 20. Jahrhunderts. Gestalten und Tendenzen. Zur Erinnerung an Ernst Robert Curtius (14. April 1886 – 19. April 1956)*, Bonn: Bouvier, 1986, S. 345–358.

5.3 Wissenschaftliche Texte

SERREAU, Geneviève, „Nathalie Sarraute nous parle du ‚Planétarium'", *Les Lettres Nouvelles* 7 (1959), H. 9, 28–30.

SPIES, Werner, „Die Letzte. Welt unter Verdacht: Zum Tod von Nathalie Sarraute", *Frankfurter Allgemeine Zeitung* vom 21.10.1999.

STIERLE, Karlheinz, „Was heißt Rezeption bei fiktionalen Texten?", *Poetica* 7 (1975), 345–387.

THOIZET-LOISEAU, Evelyne, „Deux sources du comique dans *Portrait d'un inconnu* et *Tu ne t'aimes pas*", *Roman 20-50* 25 (1998), H. Juni, 63–75.

THYRION, Francine, „Langage et authenticité dans *Les Tropismes* de Nathalie Sarraute: points de vue contrastés", *Les Lettres Romanes* 51 (1997), H. 3-4, 263–273.

TISON-BRAUN, Micheline, „L'art de la stylisation chez Nathalie Sarraute", in: Ricardou, Jean; Rossum-Guyon, Françoise van (Hrsg.), *Nouveau Roman: hier, aujourd'hui*, Bd. II: *Pratiques*, Paris: U.G.E., 1972, S. 11–24.

— „Lui et eux ou Les Gardiens de l'ordre", *Revue des Sciences Humaines* 93 (1990), H. 217, 97–111.

— *Le Moi décapité. Le Problème de la personnalité dans la littérature française contemporaine*, New York, u. a: Lang, 1990, S. 250–267.

TODOROV, Tzvetan, „Poétique", in: Ducrot, Oswald; Todorov, Tzvetan u. a, *Qu'est-ce que le structuralisme ?*, Paris: Seuil, 1968, S. 97–166.

VERDRAGER, Pierre, „Sociologie a-critique de la critique journalistique: le cas de Nathalie Sarraute", in: Foutrier, Pascale (Hrsg.), *Nathalie Sarraute, éthiques du tropisme*, (s. o.), S. 213–242.

VORMWEG, Heinrich, „Wörter stoßen Dich an. Nathalie Sarrautes letztes Werk: ‚Aufmachen'", *Süddeutsche Zeitung*, Nr. 155 vom 08./09.07.2000, Wochenendbeilage S. IV.

WATSON-WILLIAMS, Helen, *The Novels of Nathalie Sarraute: Towards an Aesthetic*, Amsterdam: Rodopi, 1981.

WEHLE, Winfried, *Französischer Roman der Gegenwart. Erzählstruktur und Wirklichkeit im Nouveau Roman*, Berlin: Schmidt, 1972.

WILHELM, Kurt, *Der Nouveau Roman. Ein Experiment der französischen Gegenwartsliteratur*, Berlin: Schmidt, 1969.

WITTIG, Monique, „L'ordre du Poème", in: Raffy, Sabine (Hrsg.), *Autour de Nathalie Sarraute* (s. o.), S. 31–36.

— „Le Déambulatoire. Entretien avec Nathalie Sarraute", *L'esprit créateur* 36 (1996), H. 2, 3–8.

— „Avatars", *L'esprit créateur* 36 (1996), H. 2, 109–116.

WOLGERS, Sabine, „Die Malerin des Unsichtbaren. Zum Tod der französischen Schriftstellerin Nathalie Sarraute", *Der Tagesspiegel*, Nr. 16850 vom 21.10.1999, S. 34.

ZELTNER, Gerda, „Nathalie Sarraute", in: Lange, Wolf-Dieter (Hrsg.), *Französische Literatur der Gegenwart. In Einzeldarstellungen*, Stuttgart: Kröner, 1971, S. 287–311.

ZELTNER-NEUKOMM, Gerda, *Die eigenmächtige Sprache. Zur Poetik des Nouveau Roman*, Olten u. Freiburg: Walter, 1965.

www.ingramcontent.com/pod-product-compliance
Lightning Source LLC
Chambersburg PA
CBHW020127010526
44115CB00008B/1004